安靜的孩子比你想的更優秀

專注投入、深思謹言、善於傾聽、安於獨處，是內向孩子的天生優勢，也是佼佼者的成功祕訣

全球暢銷書《安靜，就是力量》作者
蘇珊·坎恩Susan Cain——著
徐嘉妍——譯

QUIET POWER
The Secret Strengths of Introverts

獻給岡左、山姆、艾莉——

蘇珊（S. C.）

目錄

序言 009

第一部 安靜的學校生活

第一章 學生餐廳 025

第二章 教室 045

第三章 小組討論 059

第四章 當領袖 073

第二部 安靜的課外活動

第五章 交朋友 093

第六章　參加派對　111
第七章　#社群網路　125
第八章　內外拍檔　139

第三部　安靜的興趣嗜好

第九章　創作　155
第十章　運動訓練　171
第十一章　去探險　185
第十二章　改變世界　201
第十三章　上台表演　217

第四部　安靜的家庭生活

第十四章　療癒角落　239
第十五章　家人相處　253
結語　261
教室裡的寧靜革命：給老師的後話　269
給家長的指引　277
致謝　285
註解　287

內向者十大守則

- ✓ 文靜的個性具有看不見的神奇力量。
- ✓ 對「想得很多」的人，我們叫他「思想家」。
- ✓ 傑出的想法大多在獨處時誕生。
- ✓ 你的個性可以像橡皮筋一樣伸縮，外向者做得到的你也可以，成為眾人目光焦點也不例外。之後還是可以做回安靜的自己。
- ✓ 雖然偶爾要有彈性，但最後還是要做回原本的自己。

✓ 有兩三個知心之交，比有一百個點頭之交好（當然，認識些點頭之交也不錯）。

✓ 內向和外向就像「陰」與「陽」——彼此相愛、彼此需要。

✓ 如果看到認識的人但不想閒聊，就過馬路躲開吧。

✓ 不是只有活潑外向的人才能領導，甘地就是內向領導人的好例子。

✓ 而甘地說過：用溫和的方式，你可以撼動全世界。

序言

「你怎麼都不講話呢？」

朋友、老師、熟人，甚至沒講過幾句話的人，都問過我這個問題。他們大部分都是關心我，想知道我還好嗎？有什麼特別原因所以沉默寡言？也有些人只要我一會兒沒有表達自己的意見，他們就會覺得很奇怪。

我對這個問題總是沒有清楚的答案。不講話，有時候是因為我正在想事情，或觀察周遭人群環境；有時候是因為專心聽人說話，沒想到要開口；不過，大多數時候不講話是因為我的個性就是這樣。我是個文靜的人。

以前在學校，給學生最好的稱讚似乎就是「活潑外向」；在課堂中，老師總是要我多開口。如果學校有舞會，我會和朋友結伴一起去，不過如果可以自己選要不要去，我和朋友都寧可到對方家裡玩。等上了大學，我可以一個人去嘈雜擁擠的派對，但總是忍不住想，要是可以和三兩好友一起吃頓飯、看場電影，感覺會更開心。不過，我對這些情況從來都沒有意見，覺得自己本來就該去派對，才算「正常」。

我逐漸長大，有了幾個要好的朋友、同事，人數不多但交情很深。我不在意朋友是不是廣受歡迎，所以有些朋友很「酷」，有些則一點也不酷。我喜歡和人聊心事，所以會跟互相信賴、相處愉快、能彼此欣賞的人往來，和對方屬於哪個小團體、是不是人氣王沒什麼關係。慢慢地，有人稱讚我的問題很有見地、說我懂得獨立思考，面對緊張的情勢也能沉著應付。他們稱讚我有深刻獨到的想法，也懂得聆聽。慢慢地，有些人會開始聽**我**說了什麼；他們發現，我會開口表達的意見，一定是經過縝密思考後的意見。等我出社會後，以前那些大膽坦率到讓我害怕的人，現在竟然請我去工作！

慢慢地我了解到，自己面對生活時的沉靜態度，一路走來都賦予我強大的力量。我只是需要學習怎麼運用「沉靜」這項工具。我研究了一下，發現許多對世界做出重大貢獻的人，無論是創辦蘋果電腦的賈伯斯，或是寫出著名童書《魔法靈貓》（*The Cat in the Hat*）的蘇斯博士，無一不是個性內向的人；但他們把這種安靜的性格變成助力，而非阻力。我把自己的想法去蕪存菁，寫了《安靜，就是力量：內向者如何發揮積極的力量》（*Quiet: The Power of Introverts in a World That Can't Stop Talking*）這本書，書登上了《紐約時報》暢銷排行榜，盤踞多年不墜，並被譯成四十種語言出版。數十萬名讀者告訴我，書中這個簡單的想法改變了他們的人生：沉靜的個性若能加以善用，就會發揮強大的力量。我從來沒想過，這個想法會如此觸動讀者。

沒多久，我就展開一連串的活動。我小時候想都沒想過自己會做這些事。我國中時很怕在大家面前演講，如果明天要上台報告讀書心得，前一晚就會睡不著覺。有一次我怕到僵在所有人面前，連嘴巴都打不開。如今，為了幫助性格內向的人，我到世界各地上節目，對幾千位觀眾公開演講；我在TED針對內向發表的演講，成為史上最多人觀賞的演講之一，有數百萬人次看過（TED是Technology〔科技〕、Entertainment〔娛樂〕、Design〔設計〕三個字的縮寫，TED組織舉辦大會，請講者分享出色的理念）。

這些經驗啟發了我。為了幫助個性內向的人，我和其他人共同籌組了「寧靜革命」這家公司，目標是讓各年齡的內向人士都能找到力量。我希望我們這些個性內向的人，不論在學校、職場或整個社會，都能做回自己。「寧靜革命」的目的是促進改變，讓更多人聽見內向者的聲音，不論你是文靜內向或活潑外向，都可以成為我們的一份子。歡迎上 Quietrev.com 加入我們！

現在我能自在地公開演說，或在節目中做評論，所以常有人問我個性是不是變了，成了外向的人。其實這些年來我沒什麼變，有時候還是會害羞，而且我還是喜歡文靜、好深思的自己。我已經能擁抱安靜的力量——而你也做得到。

許多讀者告訴我，他們很希望自己在年紀還小，或在養育自己內向的孩子時，就知道這場「寧靜革命」。許多傑出的年輕孩子，也都希望能有本專為他們寫的《安靜，就是力量》。所以我寫了這本書。

「內向」到底是什麼？

對我這種個性的人，心理學上有一種稱呼，那就是「內向者」。內向者沒有一體適用的定義：我們喜歡和人相處，但也喜歡獨處；我們可以輕鬆和人往來，但同時也文靜內斂；我們的觀察力敏銳，通常多聽少說；我們有自己內在的世界，而且很看重這個內在世界。

如果說內向者注重內心，外向者就剛好相反，他們在人群中很自在，與人相處時特別有活力。

即使你不是內向者，在你的家人或朋友中，應該也有人是內向者。內向者占總人口的一半到三分之一，也就是說，你認識的每二到三個人中，就有一個是內向者。有時候內向者很容易辨認：別人呼朋引伴時，我們會自己一個人縮起腳窩在沙發上，腿上放本書或 iPad；在摩肩擦踵的派對裡，我們可能會和兩三個朋友聊天，但絕對不會爬到桌上跳舞；在課堂上，老師問有沒有人自願回答問題時，我們把視線移開，但這不表示我們沒在聽，只是想先安靜地聽聽別人怎麼說，等準備好了再回答。

然而有些時候，內向者很會隱藏自己的本性，在教室或學校餐廳可能沒人會發現我們其實生性內向；我們可能舉手投足都是眾人的焦點，但內心卻只想躲開人群，自己獨處。我出版了《安靜，就是力量》這本書後，許多演員、政治人物、企業家、運動員等等看起來個性外向的人，紛紛向我「坦白」，說自己其實也是內向者，讓我很驚訝。

內向的人不一定害羞，這兩者的區別很重要。當然，內向的人**可能**同時也很害羞，但有些外向的人其實也有害羞的個性。害羞的表現與內向類似，看起來都是沉默寡言、性格內斂，而且也像內向一樣有著複雜的原因和層次，可能是出自緊張、缺乏安全感、害怕被拒絕，或害怕做錯事。在班上，害羞的學生可能因為怕答錯丟臉，所以不舉手回答問題；但內向的學生不舉手可能有別的原因，譬如不覺得自己該出聲回答問題，或忙著聽、忙著思考，而來不及講話。害羞就和內向一樣，有它的好處，研究顯示害羞的孩子往往有堅定的友誼，做事認真、有同理心、有創意。害羞的人和內向的人都很願意仔細聽人說話，並藉此觀察、學習，且從中成長。

這本書談內向，**也**談害羞，討論這兩種特質具有哪些優勢。我自己剛好既內向又害羞（雖然長大後漸漸沒那麼害羞了），不過你可能只有一項特質，可以只看與你特質相關的內容，其他就當作參考。

你是內向、外向，還是兩者兼具？

心理學是一門研究人類行為、心智與心智功能的科學。每個人的心智組成當然都有獨特之處，但或多或少都根據相同的架構運作，彼此有共通之處。二十世紀著名的心理學家榮格首先提出「內向」與「外向」兩個詞，來描述不同的人格類型，像榮格自己就是個性內向的人。他表示，內向者會關注自己內在的想法與感覺，而外向者則追求外在的人群與活動。

不過，榮格也說沒有人是完全的內向或外向，這些內外向特質同時存在於一條「光譜」上，就像一把長尺；一端是極端的外向者，另一端是極端的內向者，有些人則在中央的位置，心理學家叫他們「兼融型」。不過，人的個性即使再怎麼接近某一端，仍然會帶有少許另外一端的特性。很多內向的人說，和好友在一起或討論有趣的話題時，他們的行為舉止會比較外向；而外向的人儘管喜歡和大夥混在一起，但大多數也同樣需要休息沉澱的時間。

在繼續討論之前，先來看看你落在內外向光譜的哪個位置吧！答案沒有對錯，只要考慮一般狀況，選擇「是」或「否」就好。

◎我比較喜歡和一兩個朋友相處，不喜歡和一群人相處。

◎我比較喜歡用寫的方式表達意見。

◎我喜歡一個人獨處。

◎我喜歡深入討論一個主題，不喜歡聊天。
◎朋友說我都會仔細聽別人說話。
◎我喜歡小班級，不喜歡大班級。
◎我不喜歡起爭執。
◎我會把作業做到盡善盡美，才願意給別人看。
◎我自己一個人工作時效率最好。
◎在班上我不喜歡被老師點到。
◎和朋友出去，即使玩得很開心，結束後我還是覺得筋疲力盡。
◎我喜歡和幾個親朋好友過生日，不喜歡開很大的慶生派對。
◎在學校，我不排斥從事個人的大型獨立作業計畫。
◎我常常待在自己的房間裡。
◎我通常不做太冒險的事。
◎寫作業、練習運動或樂器，或進行需要發揮創意的活動時，我一次可以做好幾個小時也不厭倦。

◎我說話前會先思考。
◎聯絡不熟的人，我比較想寫電子郵件或傳簡訊，比較不想打電話。
◎成為眾人目光的焦點會讓我不太自在。
◎我比較喜歡問問題，不喜歡回答問題。
◎常有人說我講話很小聲，或說我很害羞。
◎如果一定要選一個，我寧願整個週末沒事做，也不要塞滿活動。

＊這只是非正式的測驗，不是經科學驗證的人格測驗，而是根據目前多數研究人員都同意的內向特質來設計的問題。

如果你回答的「是」愈多，代表你可能愈內向。如果你回答的「否」比較多，代表你可能比較外向。如果「是」和「否」一樣多，則表示你可能個性內外兼具。

不論內向、外向都很好，重點是知道自己偏向哪一邊。有些人的確生來就很內向或外向，而且內外向的特質是會遺傳的。不過，基因不能決定一切；即使你覺得自己個性偏內向或外向，性格與態度也不會一成不變，你會隨著時間逐漸塑造、培養自己的性格。如果你天生就非常害羞，或個性非常文靜，長大後可能也沒辦法像鄉村小天后泰勒絲（Taylor Swift）一樣在滿場觀眾前表演，但大多數的我們都可以延展到某個程度，就和橡皮筋一樣非常有彈性（但也有極限）。

注意自己在什麼場合中最自信而自在，學到經驗後，就知道什麼樣的活動適合自己。你可以選擇讓自己舒適自在的活動，如果有值得付出的目標，也可以為了某個計畫或關心的人踏出舒適圈。這樣做可以賜與你很大的力量，這點非常重要，書中會一再重提。不論來自網路或身邊好友，獲得周遭人的肯定是很重要的。不過最重要的，還是你對自己的肯定。

外向也很好

這個社會往往忽視內向的人，我們把能言善道、喜歡爭取他人注意的人當偶像，彷彿他們是所有人都該效法的模範，我把這種現象叫做「外向好棒棒」，也就是覺得每個人都應該才思敏捷、充滿魅力、勇於冒險，而且行動應該勝過沉思。如果你面對一大群人會表現失常，「外向好棒棒」的概念會讓你懷疑自己有問題。

這種想法在學校的影響特別大：學校裡聲音最響亮、最能言善道的孩子往往人緣最好，老師也會特別嘉獎那些踴躍舉手回答問題的學生。

這本書質疑外向好棒棒的看法，但不表示質疑外向這個特質。我最好的朋友茱蒂絲在社交場合如魚得水，從小學開始就是風雲人物，我先生肯恩同樣也瀟灑大方、行事果決，面對一大群人總是有趣事可以分享。我之所以喜歡茱蒂絲和肯恩，**原因就是**我們彼此相異、彼此互補。他們在我身上看到自己沒有的優點（或者雖然有，但覺得自己不夠多），我也對他們有著同樣的感覺。

內向與外向的「陰陽互補」說也說不完，內向外向彼此相輔相成，結合後創造出更好的自我。我先生和我喜歡用一句墨西哥話來形容：「juntos somos más」，意思是「一加一大於二」。

雖然我也喜歡外向的人，不過我想把重點放在個性文靜內向是什麼感覺，並且證明文靜內向也可以很有力量。史上許多了不起的藝術家、發明家、科學家、運動員、企業老闆都是內向的人，這並非巧合。甘地小時候個性害羞，幾乎什麼都害怕，而且特別怕人，他總是下課鐘一響就衝回家，免得要和同學來往；但長大後，他卻領導印度迎向自由，同時仍忠於自己的天性，以和平、非暴力的方式抗爭。

NBA頭號得分王賈霸（Kareem Abdul-Jabbar）可以每晚在上萬名觀眾前使出招牌天勾，但他其實不愛眾人吹捧，也不喜歡出鋒頭。他最喜歡閱讀和歷史有關的書，而且說自己是個怪胎，只是剛好很會打籃球。他也喜歡靜下來寫寫東西，還出版過小說和回憶錄。

還有美國流行樂壇天后碧昂絲（Beyoncé），她在全球巡迴舉辦的大型演唱會總是銷售一空，所有音樂錄影帶在YouTube上的總點閱數也破了十億。但即使她很小就開始在眾人面前演出，卻說自己小時候很內向。現在她演出時充滿自信，啟發了全球樂迷，但安靜穩重、觀察入微的內在依然不變。她說過：「我擅長聆聽，也喜歡觀察，有時候人家以為我很害羞。」

天賦洋溢的演員艾瑪．華森（Emma Watson）也是內向害羞的人。她說：「其實我的個性害羞內向，也不擅長社交。人多熱鬧的派對……對我來說太刺激了，逼得我最後只好躲到廁所喘口氣。……我超不會閒聊……每次認識新的人都覺得有壓力，感覺得到他們對我的期待。如果人比較少或和好朋友在一起，我當然也會跳舞、表現得活潑外向。但在公眾場合，我就會非常不自在。」

美國芭蕾舞團首席舞者米斯蒂．柯普蘭（Misty Copeland），人稱「突破藩籬的芭蕾舞者」。許多芭蕾舞者從小就開始訓練，最早四歲就開始，但柯普蘭起步訓練的時間卻晚得多。她個性害羞，十三歲參加學校舞蹈隊的甄選時，還覺得自己搞砸了。儘管她個性安靜內向，但天賦依然沒被埋沒。她的動作充滿力量、表現才華洋溢，而且很擅長觀察複雜的舞蹈動作並致力重現，與她同齡的人幾乎看不到這種表現。甄選結果揭曉，她成為舞蹈隊的隊長，帶領六十名隊員，最後也帶領她走上芭蕾這條路。二〇一五年，她成為美國芭蕾劇團第一位非裔的首席女舞者。

愛因斯坦是另一位著名的內向者。他小時候自學，而且沒讀所有學科，只念自己有興趣的科目，十六歲時還因此沒通過入學考試。長大後，除了獨自埋首書堆，他也學會了偶爾參與一些社交活動。二十幾歲時他發起奧林匹克研究俱樂部，和幾個親近的朋友討論他長時間獨自思考而得出的概念。二十六歲時，愛因斯坦徹底改寫了物理學的定律。四十二歲時，他獲得諾貝爾獎。

本書稍後會介紹一些文靜的孩子，他們在寫作與藝術等傳統的內向型活動中表現得出類拔萃。也有些內向的孩子當上了班長、演講比賽冠軍、運動員、演員、歌手——這些角色看起來似乎不適合文靜的孩子，而且這些孩子一開始也不太想擔任這些角色；然而他們出於對工作的熱情，推動自己向前邁進。許多內向者都對工作專心致志、充滿熱情，希望有一天（不一定要是現在），你也能找到屬於自己的熱情！

我會在書裡寫到一些像你一樣的年輕人，藉由他們的故事與經驗，說明內向者常有的疑問。個性內向的人該怎麼在世界上開拓屬於自己的一方天地？如何讓別人不要忽略你？如果沒辦法鼓起勇氣侃侃而談，要怎麼交新朋友？

書中會討論我們內向者如何與身邊朋友、家人、老師相處，我們追求興趣及嗜好的方式，也會討論我們如何自處。希望你看了這本書，能學習接受自己原本的模樣，並珍惜這樣的自己。這個世界不能少了你，有很多方法能讓你內向沉靜的行事風格發揮強大的力量。

這本書就像一冊指南，教的不是如何把自己變成另一種人，而是如何運用你身上**早就存在**的美妙特質與技巧，在這個世界大放異彩。

第一部　安靜的學校生活

第一章　學生餐廳

九歲的時候，我說服爸媽讓我參加一場為期八週的夏令營，爸媽有點不置可否，但我可等不及了。我讀過的小說很多都以夏令營為故事背景，湖泊旁有森林環繞，聽起來就很好玩。

去夏令營前，媽媽幫我打包行李，放了短褲、涼鞋、泳衣、毛巾，還有——書，很多很多很多的書。這對我們來說再自然不過了。在我家，讀書是種團體活動，每到晚上或週末，我和爸媽、兄弟姊妹都會坐在起居室，沉浸在自己的小說裡。我們很少說話，每個人都投入各自書中的冒險世界，這是我們彼此陪伴的方式。所以，媽媽幫我打包這些小說時，我在腦海中想像著同樣的畫面，而且感覺還更棒。我好像看到自己和新朋友坐在小屋裡，十個女孩穿著相同的睡衣，一起開心地看著書。

但事情完全出乎我的意料。夏令營生活和我家寧靜的時光完全**相反**，比較像一場冗長又吵鬧的生日派對，而且還不能打電話請爸媽來接我回家。

夏令營第一天，營隊的指導老師集合大家。她說為了突顯夏令營的精神，接下來她要示範一種歡呼，然後這個夏天的每一天，我們都要照樣歡呼一次。然後她兩手在身側擺動，像在慢跑一樣，念道：

「R－O－W－D－I－E，我們要這樣拼 ROWDY，ROWDIE！ROWDIE！一起來 ROWDIE！」

（譯註：ROWDY 在英文是「喧鬧」的意思。）

念到最後一個字，她兩手高舉、十指張開，臉上掛著大大的笑容。

呃，這和我想的不太一樣。來到夏令營我本來就很開心了，何必再表現得這麼興奮？（而且我們為什麼要故意把 ROWDY 這個字拼錯？）我有點不知所措，最後只好鼓起勇氣跟著大家一起歡呼。好不容易到了休息時間，我從行李抽出一本書，看了起來。

幾天後，同寢室最酷的女孩子問我為什麼一直在看書，而且為什麼那麼安靜。

我低頭看看手上的書，然後抬頭環顧寢室，發現沒有人獨自坐著看書。有人嘻嘻哈哈的拍手玩遊戲，有人在外面的草地上跑來跑去，和其他寢室的孩子玩在一起。於是我闔上手中的書，把書收進行李箱，和其他的書放在一起。把書塞進床下的行李箱時，我有股罪惡感，好像那些書需要我，我卻辜負了它們。

那年夏天，我盡可能地擠出熱情，大聲表演營隊的 ROWDIE 歡呼，每天都擺動雙手，燦爛微笑，盡量表現得活力充沛、友善合群。營隊結束後，我終於又可以看書，但有些事情卻不一樣了。在學校、甚至是和朋友在一起時，我覺得要表現得活潑外向的那股壓力，似乎仍沉沉壓在心頭。

小學的朋友我在幼稚園就已經認識，我知道自己個性害羞，不過在學校我很自在，有一年還在學校戲劇表演中軋了一角。不過到了國中，情況完全不同；我轉到新學校，誰也不認識，一切都不熟悉，周圍盡是一群吱吱喳喳的陌生人。媽媽會開車送我上學，因為和十幾個不認識的小孩擠在校車上，實在太可怕了。校門在第一堂上課鐘前都是關著的，如果到得比較早，就得在停車場等。在那裡，學生三三兩兩地聚在一塊兒閒聊，好像都彼此認識，感覺很輕鬆自在。但對我來說，那個停車場根本就是個夢魘。

上課鐘總算響起，大家紛紛湧進學校，走廊上比停車場更吵雜喧鬧，四面八方人來人往，學生在走廊大聲喧譁，彷彿這兒是他們的地盤。男生女生成群結隊，交換八卦消息、拋出心照不宣的微笑。我游移的眼神瞥到一張似曾相識的臉，心想該不該打招呼，然後又默默地和對方擦肩而過。

不過比起午餐時的學校餐廳，走廊不過是一場夢罷了！幾百個學生的噪音在巨大的空心磚牆間來回震盪，餐廳裡是一排排長桌子，一個個嘻嘻哈哈、嘮叨不休的小團體肩並肩坐著，人人都屬於某個小圈圈。這組是耀眼的人氣女孩，那裡是運動健將，另一邊則坐著宅咖。我緊張得腦袋都打結了，更別提要輕鬆自在的談笑風生，但其他人卻自在地說笑，彷彿一切都輕而易舉。

這個場面覺得熟悉嗎？很多人都有同樣的經驗。

就拿戴韋思來說吧，他是個體貼害羞的孩子，升上六年級的第一天就遇到同樣的處境。學校裡大都是白人，他是少數幾個亞裔孩子，其他人都覺得他長得「不一樣」，這點讓他很不自在。他走到教室才發現，自己因為太緊張，剛剛竟一直憋著呼吸。教室裡同學逐漸安靜下來，他總算也能坐下，腦筋不再一片空白。接下來一整天的情況都差不多，他根本不敢穿過擁擠的餐廳人群，只有在安靜的教室才能放輕鬆。三點半下課鐘響時，他已經累壞了。坐校車回家時，還有人朝他的頭髮扔口香糖，不過他總算撐過上六年級的第一天。

在戴韋思的印象裡，每個人似乎都迫不及待明天回到學校，只有他例外。

內向的人與五種感官

不過情況逐漸好轉，從可怕的第一天學校生活來看，戴韋思絕對想不到事情會有這番轉變。晚點再告訴你後來的故事。現在，請記得一件事：不管我的學校或戴韋思學校的孩子看起來有多興高采烈，但**有些人**其實不是那麼喜歡上學。到新學校的頭幾天，甚至是剛回到讀了好幾年的學校，對任何人來說可能都是項挑戰。由於內向的人對刺激的反應比較大，所以像我和戴韋思，還**多了**一些要適應的事。

「對刺激的反應」是什麼意思？大多數心理學家都認為，內向與外向是影響人類經驗的兩大人格特質；不論你來自何種文化或講何種語言，都是如此。因此，內向這個特質被廣泛地**研究**，且時常有令人驚奇的發現。譬如，我們現在知道內向與外向者的神經系統通常不同，內向者的神經系統對社會情境的反應比外向者來得強烈，對感官刺激也是如此。外向者的神經系統反應較低，所以他們會追求刺激，例如明亮的燈光或響亮的聲音，才會感覺充滿活力；如果刺激不足，他們會覺得無聊或坐立不安。外向者天生就喜歡交際閒聊，需要和人結伴，在人群中也顯得精力充沛。他們比較會調高喇叭的音量、從事驚險刺激的活動，或舉手自願第一個幫忙。

而我們個性內向的人，對學校餐廳等刺激環境的反應比較大；有時候會大很多很多，所以我們在安靜的環境下會覺得放鬆、有活力許多——不一定會單獨一個人，不過通常身邊只會有幾個很熟的家人或朋友。

著名的心理學家艾森克（Hans Eysenck）做過一項研究，他把檸檬汁當作一項刺激，滴在內向及外向的成年人舌頭上。當嘴裡嚐到檸檬汁時，人的自然反應是產生唾液，中和口裡的酸味。艾森克認為，藉由測量人受到檸檬汁刺激時口中分泌的唾液多寡，可以評估人對刺激的反應程度。他認為內向的人會對檸檬汁比較敏感，分泌比較多唾液，結果證實他的猜測沒錯。

還有一項類似的研究發現，嬰兒時如果對糖水的甜味敏感，長大後在青少年時，也會對派對上的喧鬧聲比較敏感。內向者對味道、聲音、社交活動的反應，就是比外向者強烈一點。

許多其他研究也有類似的發現。心理學家羅素・吉恩（Russell Geen）請內向者與外向者解數學題，同時播放音量大小不等的背景音，結果發現當背景音小時，內向者表現較好；背景音大時，外向者表現較佳。

因此，像戴韋思這種個性內向的人，會比較喜歡一次和兩三個人相處；比起身邊同時環繞許多不同的人，人少比較不那麼累。在派對上，我們內向的人也可以玩得很開心，不過有時會較快將精力用盡，希望能早點離開。在安靜的地方獨處一段時間，可以讓內向的人恢復活力，像電池又充飽電一般。所以我們比較喜歡一個人的活動，像是看書、跑步或爬山。如果有人說個性內向就是反社會人格，千萬別信；我們只是和人互動的方式**不同**而已。

在學校或別的地方，如果環境能讓內向者的神經系統發揮最大能力，我們就更容易有出色的表現；可惜，多數學校的環境都不適合內向者的神經系統。不過，如果你開始留心身體傳達的訊息，例如感覺焦慮或筋疲力盡，就可以掌控你的力量。你會注意到有些事讓你不舒服，需要改變，而你可以採取行動，找回平衡，不一定要回家躲進房間。你可以傾聽身體的訊息，找到學校裡安靜的角落，例如圖書館及電腦室，或沒有同學、只有一位親切老師的教室，讓自己恢復平靜。你甚至可以躲到廁所，讓自己獨處一下！

戴韋思似乎憑直覺就發現了這件事；自從有人在校車上向他丟口香糖後，他漸漸就只挑前面的位子坐，在那裡沒有人會來煩他。他想辦法不去理會球賽的喧譁、電話鈴響，及同學的笑鬧聲；沒多久他又找來一副耳塞，於是坐校車時都戴著耳塞看書。他啃完整套《哈利波特》，又開始看自我成長的書，像是《與青春有約》（*The 7 Habits of Highly Effective Teens*）、卡內基《人性的弱點》（*How to Win Friends and Influence People*）等。隔絕噪音讓他可以減少刺激，保持頭腦清醒。

誰說我就該這樣做？

青少年時期我們有許多事情要學，我們的身體、情緒與社交都有新的需求，而這些需求感覺全都攪在一起，成為一種特別的產物，讓人既害怕又期待。在面臨充滿挑戰的人際互動時別忘了，即使是你最外向的朋友，也可能會缺乏自信，必須想辦法克服。每個人在青春期時**都**缺乏自信，即便有哥哥姊姊傳授應對訣竅，或看過很多講高中生活的電影，或從幼稚園起就廣受歡迎，全都無一例外。

朱利安是紐約布魯克林區的高三生，個性有魅力、喜歡攝影。他知道個性安靜比較無法獲得同學的注意，當時因此覺得很沮喪。他笑著說：「我有段時間個性很怪。小學和剛上國中時，因為個性太文靜而覺得很難為情，所以想辦法用其他方法吸引同學注意，像把東西塞到別人的衣服裡，或偷同學的筆這一類的。每天回到家，我都很不開心。現在我比較沉穩了，知道應該和別人交流，而不是捉弄別人，也就不會像以前那樣愛逞強。」

凱蕊娜也是布魯克林人，她十五歲，個性沉穩內斂，每次當她不得不和別人相處時，就會很緊張。凱蕊娜不像朱利安那樣用大聲講話、騷擾別人的方法來彌補自己的內向特性；打從她有記憶以來，就覺得好像被困在自己的頭腦裡。「和別人相處的時候，即使對方只是學校同學，我都希望自己可以表現得正常一點，希望不會說錯話。有時候我講的和心裡想的根本不一樣，有時候就是不知道該怎麼表達。」

紐約心理學家雀兒喜・格利芙（Chelsea Grefe）想知道，該怎麼幫助凱蕊娜這樣的孩子，先做好面對類似情況的準備。格利芙想起曾遇過一位聰明又有藝術才華的五年級女孩，這女孩很怕和其他同學說話，但又想和更多人交朋友。她在學校有兩個很要好的朋友，但如果必須和這兩位朋友分開，她就會覺得不知所措。於是格利芙鼓勵這個孩子先想想，面對不自在的情況時該怎麼應對，也就是「先做好如何開啟話匣子的計畫，再進行角色扮演」。首先凱蕊娜要先想想，她可以自在地和哪些女孩子說話，然後給自己設下目標，分別問她們想不想一起坐，或之後一起出去玩。有了事前計畫，凱蕊娜就不會在學校餐廳走近坐滿人的桌子，卻一個字也說不出來了。

格利芙建議，可以先想幾個開場話題，即使是「你這週末有去哪裡玩嗎？」或「學校活動快到了耶，你期待嗎？」這類簡單的都好。如此一來，在遇到人要開口前，你就已經做好準備，有話可說了。

還有瑪姬，她是賓州的大學生。瑪姬常把自己和班上那些活潑開朗的「天生領袖」比較，想知道受歡迎的學生為什麼會受歡迎。他們有些人的個性其實也不是很討人喜歡呀！有些人長得好看、有運動細胞，或是頭腦聰明，不過似乎都和個性是否外向有關。他們想和誰講話就和誰講話，在課堂上講話音量也很大，或常舉辦派對。這些特質瑪姬都**沒有**。有時她覺得，就是因為這樣才沒人注意她，也覺得自己這樣很怪。

她說：「那些講話大聲、受歡迎的同學在說說笑笑的時候，我會想，自己為什麼不能就走過去一起聊天？沒什麼好怕的啊！我是怎麼回事呢？」其實，瑪姬風趣又善良，講話也言之有物。但在學校裡，這些特質都沒有表現出來，所以她覺得沒人會注意、看重她。

幸好，瑪姬的看法逐漸轉變。當她發現自己不是「全宇宙」唯一一個內向的人時，簡直如釋重負。她說：「我在七年級讀了辛頓（S. E. Hinton）的《局外人》（*The Outsiders*），才慢慢了解過來。這本書在第一頁的描寫就讓我很震撼，主角波尼柏看完電影一個人走回家，說自己有時就是喜歡『搞孤僻』。看到這段話我既吃驚又高興，我發現原來真有**這樣的事**！也有人有相同的感覺！」

我們之前說過，世界上的人大概有三分之一是內向者。內向不會在長大後就消失；反之，你會逐漸長大，成為一個內向的大人。你必須接受這項特質，更要珍視這項特質。如果你能發現自己內向的特質有多特別，而你喜歡自己的那部分，有些正來自於你的內向本性，就更能在生活各方面培養出自信。不必照別人的話去做，選擇所謂「應該做」的活動，交「應該交」的朋友；你可以做自己真正有興趣的事，與真正重視的人當朋友。

有個叫露比的女孩告訴我，高中的時候她竭盡全力想表現得活潑健談，當好

「新鮮人導師」，這在她的學校是人人羨慕的角色；結果她卻因為不夠外向，被踢出新鮮人導師計畫。後來她才明白，自己喜歡的是科學，於是在放學後留下來和生物老師學習，並在十七歲發表了第一篇科學論文，還獲得生物工程系的大學獎學金！

露比的故事告訴我們，有些事我們每個人都該做，比如幫助家人朋友、親切對待他們；不過有很多事只是大家不假思索，以為**本來就該**這樣做。高一的時候，我努力讓自己變得外向，照大家覺得該做的去做，表現得活潑、很酷、講話大聲。後來才發現，我可以自然地做自己就好。說到底，我崇拜的英雄和偶像都是作家，我覺得他們真的很酷，而且剛好其中很多人也都個性內向。即使那時候我還不清楚自己的神經系統有何不同，也不知道怎麼形容自己的人格特質，但我依舊根據自己的個性，逐漸調整和人來往的方式。我交到許多好朋友，也發現自己一次只想和一兩個朋友出去，不喜歡一大群人。我決定不要交一大群泛泛之交，要努力培養幾位知己。一直到現在，我交朋友還是照著這個原則。

生「動」的解說

我後來明白，除了要忠於自己的直覺和興趣，也應該把自己的感覺與理由解釋給別人聽。有個例子聽起來可能很熟悉：你經過走廊，要去另一間教室上課，腦筋還在轉著，卻被四周的人潮和噪音吵得頭昏腦脹。迎面走來某個同學或朋友，你瞟了他一眼，但沒辦法騰出思緒和他打招呼或多聊幾句。你不是故意這麼沒禮貌或有意傷人，但對方會覺得你在不高興。

你一定得小心，別讓這種誤會發生，並盡可能解釋自己的想法或感覺。如果朋友個性外向，八成猜不出你不打招呼是因為在想事情，或有太多外在刺激（即使是個性內向的朋友也可能想不到）。如果能解釋清楚，一切就不同了。

不過，就算解釋了，也不是每個人都能了解你的天性。羅比住在新罕布夏州，第一次知道有所謂的內向性格時，他鬆了一大口氣。他在人群中很少開口，雖然和最要好的幾個朋友可以輕鬆地聊天開玩笑，但也有極限。「幾個小時之後我會覺得，『喔，夠了，累死我了。』就像在我和其他人之間豎起一道牆般，我完全不想和任何人講話。不是生理上的累，是**心理上**的累。」

羅比和一位外向的朋友解釋內向和外向的差別，不過對方無法了解羅比的感受；她在鬧哄哄的地方精力最充沛，不懂為什麼羅比需要經常獨處。不過羅比另一個朋友德魯一聽馬上就懂了；德魯的個性比較內外兼具，不像他妹妹那麼活潑，也不像爸媽那麼沉默寡言。他和羅比聊了很多性格內向的感覺，聊得愈多，就愈想向大家解釋自己個性中的兩個面向。

德魯會自己拍影片，並持續在研究一種新的動畫片。他讀了一些和內向有關的資料，拍了一支用上許多圖片的宣導動畫，告訴大家內向是什麼。德魯把影片放上YouTube，但這只是開始。除此之外，他還負責製作學校的電視新聞節目，每週都會向全校播放最新的一集。德魯在其中一集插入他拍的宣導動畫，結果大大轟動；甚至還有位老師向德魯道謝，這位老師其實也是內向者。德魯說：「我讓整個學校的人都了解這個概念，之後一連好幾個星期，都有人來跟我說：嘿，那支影片拍得真好！」而最感謝他的人，自然就是羅比囉。

若學校能更了解內外向學生有著不同的優勢、不同的需要，會是件好事。國高中對內向者來說特別難捱，因為當幾百位學生擠在同一棟建築裡，要獲得別人重視或想交上朋友，唯一的方法似乎就是表現得活潑且引人注意。但是還有很多其他重要的特質，例如能對一項主題或活動深入思考，或能以同理心與耐心聽別人說話，這兩個特質就是內向者的「超能力」。集中這些能力，發掘你熱愛的事物，並全心全意去追求；如此，你不只能適應學校生活，更能發光發熱。

沉靜而耀眼

學校充滿了壓力和戲劇化的事物，覺得心煩是很自然的；不過你可以擺脫干擾，不要讓它們影響內心的平靜。以下是幾個小訣竅，供你隨時參考：

了解自己的需要

鬧哄哄的學校環境往往會消耗內向者的精力。雖然環境不一定適合你，不過不要讓環境妨礙你做自己。找個寧靜的時間與安靜的地方，讓自己充電。如果你喜歡一次和一兩個朋友玩，不想和一大群人交際，這樣也很好。找到個性像你的人，或能了解你的人，會讓你安心許多。

找到小圈圈

和你最合得來的朋友可能是運動員、寫程式的人，或者就是個性好的人，興趣合不合得來倒不要緊。你可以列出清單，寫下一些話題幫助你和對方談天，培養友誼。

溝通很重要

一定要讓你的好朋友知道，為什麼有時你在學校會退回自己的小世界，或不想講話。跟他們聊聊內向和外向的話題。如果朋友個性外向，問問他希望你怎麼和他互動。

挖掘熱情所在

不論是哪一種個性，找到熱愛的事物很重要；對內向的人來說，這點又特別重要，因為我們內向的人常會把精力都投注在一兩項最重視的事物上。還有，當覺得恐懼時，發自內心的熱誠能支撐你，激起你的熱情，度過恐懼。恐懼是強大的敵人，但是熱情是更強有力的盟友。

拓展舒適圈

我們都可以延展自我到某個程度，為了自己的目標或感興趣的活動，而超越表面上的極限。如果你要拓展到某個讓你很害怕的領域（像是公開演講，對很多人來說都很嚇人），記得在你可以接受的範圍內，一次練習一小步。十三章會有更多介紹。

了解身體語言

微笑不只會讓周圍的人愉快，也會讓你自己更開心、更有自信。

這種現象有生理上的根據；微笑會送出訊息，告訴身體一切都很好。這個道理不僅適用於微笑：當你覺得有自信、放鬆時，感受一下你的身體，在緊張時也同樣感受一下身體有什麼反應。舉例來說，雙手交叉抱胸通常是緊張的反應，除了讓你看起來拒人於千里之外，也真的會讓你想和人保持距離。你可以練習擺姿勢，讓自己看起來不太緊張，也能讓身體實際放鬆下來。

第二章　教室

每四個星期，葛蕾絲下課後都會衝進家門，惱怒地對著媽媽抱怨：「又來了！」每次公布八年級的「每月模範學生」結果，同樣的情況就會再次上演。模範學生是頒發給努力向學、表現優秀、積極參與班上事務的學生；但就葛蕾絲印象所及，每次得獎的都是外向的學生，都是那些常舉手發言的人。這不是葛蕾絲的作風。在班上她都坐在後排，用聆聽和寫筆記來參與討論。其他同學一有機會就大肆發表意見，但在葛蕾絲聽來，他們好像想都沒想過就開口了，只為了要別人聽他們說話。

葛蕾絲的老師會鼓勵她多發言。她的英文老師人很親切，從葛蕾絲的作業裡發現她有些想法適合在課堂上一起討論，在課堂上也會點她起來發言。「老師會說，葛蕾絲，你都沒講話耶，你來念一下課文接下來這三段吧？」葛蕾絲雖然不情願，也只好念了。

葛蕾絲覺得自己沒有得到應有的肯定。幾個月後，她下定決心要獲得模範學生表揚。她成績很好，在班上也從不搗蛋，雖然不喜歡成為眾人注目焦點，但也希望獲得應有的重視。於是她決定採用「打帶跑」戰術：如果老師問有沒有人自願念課文，她會立刻舉手，如果覺得自己的聲音抖得太厲害，她就只念一段；如果還可以，就繼續念下去。她也決定在課堂討論時多公開發言。

葛蕾絲注意到自己的緊張有一種固定模式。譬如說，如果課堂進行到一半、已經有同學發言後她才被點到，就不會那麼緊張；因為她有時間構思自己的想法，也可以從其他同學的想法接下去發揮，表示不同意或提出新的觀點。如果老師第一個就點到她，她會請老師讓她第二或第三個發表，給她一點時間思考答案，同時建議把機會讓給另一位迫不及待想發表高論的同學。

雖然膽戰心驚，不過她進行得很順利。葛蕾絲努力地讓自己舉起手，次數愈來愈多，儘管緩慢，但很堅定。她自願念課文，有問題需要釐清也會發問，班上討論時也會提出自己的意見。她完全沒有改變自己，這些方法都源自她本來的習慣。不久之後，葛蕾絲就獲得「模範學生」的肯定。

課堂參與的另一種方式

參與課堂討論有很多好處，說出自己的意見是很重要的能力，我們一輩子都會用到。不過我認為，有些老師過分強調課堂討論了。布莉安娜住在美國科羅拉多州，她記得以前有個老師每次上課時都會發給每位同學三支冰棒棍，同學圍成一個大圓圈，如果在討論時發表意見，就可以把手上一支冰棒棍丟到圓圈中間；而下課前，同學要丟完手上的冰棒棍。布莉安娜還記得：「如果手上還有冰棒棍，分數就會被扣得很慘。」

布莉安娜說，這種作法並沒有讓討論內容變得更豐富，反而變得很空泛；同學發言只是為了把冰棒棍丟出去。布莉安娜也不得不屈服，但這樣讓她覺得很挫折：「我不喜歡為了講話而講話，有值得說的我才會說。但最後我只能隨便講個一兩句，只為了丟掉冰棒棍。」

有的老師還會根據課堂討論表現來打學生的成績，敢講的學生分數就比較高，至於是不是真的聽懂內容，並不影響成績。但其實還有其他教學方法，就是比「課堂討論」更廣泛的「課堂參與」，其注重的是讓學生用多種方式討論授課內容。

教師在課堂上採取團體討論有幾個原因，一是讓學生聽聽其他人的想法，二是讓老師知道學生有沒有做作業，或作業會不會太難。良好的課堂討論可以讓學生投入授課內容，關鍵字是「**投入**」——相較於能輕鬆發言、回答問題的外向學生，內向學生儘管很少發言、甚至沉默不語，投入的程度可能也不遑多讓。

教育學家瑪莉．鮑德．羅威（Mary Budd Rowe）曾研究過，教師從提問到點名舉手的學生回答前，會等待多少時間。羅威錄下課堂討論的影片，研究後發現，教師平均會等待一秒鐘的時間。就只有一秒鐘！

有些教學專家推廣「思考時間」的概念，或像羅威說的「等待時間」，目的是改善課堂討論的品質。方法是：老師問了問題後，會請同學安靜思考一兩分鐘，再繼續討論。

還有一種類似的技巧，叫做「思考／討論／分享」，學生先安靜思考一兩分鐘，接著和另一位同學或小組討論，之後再和其他同學分享。這個方法可讓分享的人數慢慢增加，分享時比較不會有壓力，也讓你有時間醞釀自己的看法，並把想法發展得更完備。

如果運氣不好，老師沒有使用「思考時間」這類的概念，但你覺得他可能接納你的想法時，可以鼓起勇氣和老師討論看看。住在英國的艾蜜莉就是這麼做。艾蜜莉在一大群人中很安靜，不過和朋友在一起時就很活潑。她聽過我的演講，也讀過我的文章，學到這本書討論的一些概念。她十二歲時，有個老師把她叫去，說她課堂討論不夠積極。對艾蜜莉來說，要直接對老師說明她的想法還是令人生畏，於是她寫了張字條給老師，解釋她個性內向，要在一大群人面前講話非常不自在。後來，老師請她放學後留下來聊聊，原來老師自己也是個性內向的人；他了解艾蜜莉為什麼不喜歡在課堂上發言，也答應會讓她有更多機會在比較小的團體中討論與學習。

表達你的需求，像艾蜜莉寫字條給老師一樣，就能讓別人明白你這麼做的原因。老師看了艾蜜莉的字條，明白她不是覺得這堂課很無聊或沒興趣，只是不喜歡在一大群人面前開口。

讓別人注意到你害羞或內向的個性，聽起來可能有點矛盾，不過艾蜜莉的例子證明，你不需要一個人煩惱，其他人可以幫忙讓你覺得比較自在；而且可能他們過去也有類似經驗，所以了解你的感受。

請聽我說

除了希望學校老師重新思考課堂討論的觀念，我也認為如果你能培養自信，說出自己的想法，而非把想法藏在心裡，久而久之你會更加欣賞自己。你的想法值得讓人聽見、值得被欣賞。而且有項研究發現，在一般的團體中，內向者的意見會愈來愈受重視；因為大家明白，如果內向者舉手發言，說的內容肯定值得一聽。

如果你喜歡參與課堂討論，或許可以想想，**為什麼**自己在全班面前開口會那麼不自在，如此一來就比較容易像葛蕾絲那樣擬定計畫，用自己的方式表達意見。

開口表達為什麼那麼不自然？常見的原因有：

◎怕講錯話。
◎不想說沒意義的話。
◎忙著聽別人說，來不及想。
◎沒有足夠的時間想出答案。
◎擔心一開口舌頭就打結。

◎不喜歡大家盯著我看。

◎不喜歡成為目光焦點。

有些原因與社會焦慮有關，社會焦慮是指在社會場合中害怕做錯事、怕覺得尷尬。有社會焦慮沒什麼，大多數人在某些時候都會有這種焦慮感，只是有些人的焦慮感特別強烈。如果社會焦慮影響你的表現，首先要知道，有這種困擾的不只你一個人，然後鼓勵自己克服恐懼（譬如：如果知道答案，就舉手回答）。即使現在看起來很難，但常常做，就能累積許多小小的「成就」，假以時日做起來也就愈容易。（但若社會焦慮影響到你的日常生活，或讓你沒辦法做自己想做的事，可以考慮尋求諮商師或心理師的建議。）

同時，你愈是能自在地發表意見，就愈能明白答案不一定要正確或完美，才值得別人注意。上面提到的原因有幾個就與完美主義有關，很多內向者都有這個傾向。完美主義是把雙面刃，能讓工作保持高品質，但因為沒有人一言一行都是完美的，你也會因此變得不想開口表達。

不過，不開口不一定是因為害怕、焦慮或完美主義。許多內向的人只在有重要的事要講時，才會開口說話（而且我訪談過的對象中，很多人都希望其他人也能遵守這項談話禮儀！）。外向的人喜歡用說話幫助思考，相較之下，我們內向的人喜歡**先**想清楚再開口。其實，我們能專心深入思考單一主題的能力，是種天賦；如果老師突然點我們起來回答問題，我們可能會呆在原地，因為沒有足夠的時間仔細想好答案。內向的人往往很注意答案是不是有內容、夠不夠清晰，所以寧可不開口，也不願隨便吐出一兩個句子應付。有時候等我們想好自己想說什麼時，討論已經結束了。

不管你不說話的原因是什麼，接受本書訪談的學生，想出了許多方法讓其他人重視自己的意見。許多人也都說愈是練習，做起來就愈容易。

首先，你要找到能自在表達意見的方式。有時候只要坐對位子就行了！有個接受訪談的學生說，自己都會想辦法坐在前排，這樣他講話時看不見其他同學面向著他，壓力會比較小一點。有人說自己喜歡坐在朋友旁邊，讓他感覺比較有自信。還有人說他們不會去看那些冷漠高傲的同學，而是把注意力集中在友善、願意表達支持的同學身上，對著他們說出自己的看法。

有些人會注意到**別人**也很緊張。住在紐約皇后區的十六歲女生蘿拉，就發現同學的注意力完全集中在自己給別人的印象，沒空注意蘿拉聽起來有多緊張。其實，每個人表達想法和意見時都怕受到批評，即使表現得很有自信，也會擔心自己的答案是否正確。某種程度來說，大家都有共同的煩惱。

有些學生發現，在全班面前回答問題，會比一般聊天容易得多。住在加拿大多倫多的連恩就讀六年級，對他來說，在全班面前發表意見，讓他不會覺得「腹背受敵」。在班上講完以後，老師就會叫下一個同學，他不用擔心要一直跟上話題；但是和朋友聊天時，就必須你來我往。

這章一開頭提到的葛蕾絲，會等自己「暖身」夠了才加入討論，這方法對她有效。不過，也許你適合事先準備好、然後第一個發表。在我還是法學院學生的時候，這個方法對我很有效。

二〇一三年一月，我在華盛頓特區的一場演講中談我的書《安靜，就是力量》；演講結束後，我的朋友安琪上台和我一起回答聽眾問題。安琪是我在哈佛法學院的同學，最近我們恢復聯繫。當晚演講開場前，安琪告訴聽眾，在學校時她不知道我是這麼內向的人。

大家聽了都很驚訝，連我都很意外。安琪說，在班上我總是第一個舉手回答問題，像我這樣怎麼可能是內向的人？

她的疑惑有道理。哈佛法學院的教室很大，環形座位像階梯一排排上升，教授上課採用蘇格拉底式詰問法，任意點一位同學起來回答，如果被叫到，你**不能**拒絕回答。這種感覺很可怕，不過既然選了這門課，你就必須發言。我明白這些規則，不過還是不想要有「意外的驚喜」，於是我在每堂課開始前，都會根據之前的上課內容先準備好幾個看法，然後鼓起勇氣舉手，盡量早點回答問題，免得課堂討論偏離方向，進入全然陌生的領域。這樣一來，等我準備好的答案用完，之後教授就比較不會點我起來發言，而會找其他還沒發言的同學。

而這個策略還有個意想不到的好處：根據社會心理學的角度，團體中首先發表的意見會最受重視。所以我發現，整堂課教授會一直提到我的看法，讓我覺得自己在課堂上很有地位。這效果確實出乎我意料。

當然，用這種技巧的人不只我一個。以戴韋思來說，國中時他完全不敢在課堂上當著全班同學發表意見，結果成績單上拿了個B。英文老師解釋說，課堂討論會算入成績，而戴韋思從來不舉手發言，所以不管考試分數再高，也拿不到A。戴韋思回想起來，說：「這就是逼我兩害相權取其輕啊……要嘛舉手，要嘛得B。」

戴韋思不願意屈就低分，所以勉強自己舉手念課文。「一開始我怕得要命，很擔心自己支支吾吾、舌頭打結，感覺額頭一直冒汗；可是我逼自己，一定要把手舉起來。」戴韋思大著膽子、硬著頭皮，終於逐漸克服恐懼。之後我們還會再談到。

有些人可能覺得，自己永遠沒辦法克服這種恐懼，當著全班的面表達意見，但其實**你真的做得到**——說不定還會發現做起來比想像中容易。住在多倫多的連恩說，現在他已經能自在地在班上發言了，甚至還會期待有這個機會呢！

相信我，你也做得到。

給安靜孩子的小訣竅

舉手的時候如果心跳得很快，沒有關係，很多人都有這種感覺，不必因為這樣就放棄。如果你沒有時間看完這章前面講的內容，以下整理出幾個對策，有助於舒緩舉手發言的壓力：

早點出擊

如果事先知道要討論的主題，你可以先擬好答案，構思你的意見或看法，然後**早點**發言，免得討論東拉西扯，讓方向出乎預料。

判斷發言時機

什麼時機發言最自在？擬定策略，選擇對自己最容易的方式加入討論。你不一定要第一個發言：也許根據前面同學的發言發展論點或加入新觀點，會更適合你。也許你喜歡提出深思熟慮的問題，或提出反面意見、激發討論。只要扮演適合你的角色就好。

先寫小抄

如果擔心講到一半會腦袋打結，先在紙上寫下你的想法，需要時就能參考。

課後補充

如果你有好的看法，但沒辦法鼓起勇氣舉手發言，可以在課後把想法用電子郵件寄給老師，讓老師知道你認真聽課，而且充滿好奇心。

觀察同學

每次有人發言不合理或很明顯說錯了，看看別人是否都不介意。對別人的錯誤培養溫暖、寬容的態度，然後對自己的錯誤也抱持同樣的態度。你會了解，就算答錯或聲音有點發抖，也沒什麼大不了的。聰明的少女安妮說：「如果答錯，老師不過就是叫下一個人而已。」

給自己動力

想要有快樂的學校生活，就要找到自己的熱情來源。當然不是說每個害羞、安靜的學生都要當小團體的頭頭，或出來選班長；而是要想想，什麼目標對你最重要。你愈是喜歡某個主題，發表意見時就愈有自信。

第三章　小組討論

團體作業對內向的人來說利弊參半。壓力可能比較小，焦點不會只在你身上，會分散到每個人身上，不過團體合作需要和人往來，對喜歡獨立工作的我們來說，可能會很累人。

凱芮娜是紐約布魯克林區的高二生，聽到老師指派團體作業時，在心裡深深嘆了口氣。凱芮娜家裡人多，和姊姊共用一個房間，一直很希望有個人隱私，和屬於自己的時間。她覺得上課時間有個好處，就是可以暫時擺脫走廊或學校餐廳的交際應酬；在教室**只要安靜**聽課就好，不啻是種解脫。

內向的人並非沒有想法要和大家分享。其實我們通常都有自己的看法，只是不喜歡當著一群人的面說出來。有時候，盛氣凌人的同學會搶盡發言機會，講話聲音小的人往往沒辦法插話。讀國中的奧莉薇就喜歡和不太做事的同學一組，她說：

「我喜歡和什麼都不做的人同一組，這樣就可以一切都自己來。」

這樣退而求其次或許比較容易。不過，只找些不會有意見的人合作，也太小看自己了吧？其實，團體最好內外向的人都有，不同個性的人會對問題提出不同觀點，一起找出更完善的解決方法。團體活動有很多種（第六章會討論派對上的人際互動，第十章會討論團體運動），學校的團體作業或許是最困難的一種。不過，如果能擔任可以讓你展現優點、表達看法的角色，你就會信心大增。不論你在團體中是有話直說、還是文靜內斂，這一章的討論都能幫助你找到適合自己的角色。

小組學習盛行

我為了寫書和上TED演講準備，曾參觀過十幾所學校，意外得知現在很多老師都會固定指派團體作業。美國各地的學校都有這種現象，四五張桌子併成一個小組，要學生互相合作。

舉例來說，住在科羅拉多州的布莉安娜就提到，學校的西班牙文課老師出了要發揮創意的團體作業，請每個小組拍一支家具影片，並運用課堂上學過的單字，幫影片配上西班牙文旁白。布莉安娜想出一個辦法，就是先寫腳本，分配旁白員、導演、剪輯等角色，然後大家到IKEA之類的家具店一起拍片。

她覺得這個方法滿可行的，可是其他五個組員七嘴八舌，根本聽不進去。她們的合作不太順利，每個人都堅持己見，沒興趣聽別人的看法，所以最後決定分頭執行，每個人拍自己的片段，然後剪在一起組成一支影片。布莉安娜說：「過程真是一波三折，而且有些人做的事情比較多。剪輯有一半是我做的，因為我沒辦法跟別人說：不行，**你**也要做剪輯。」

布莉安娜說，她希望自己能更堅定一點：「文靜內向的人比較容易被人踩在頭上……很多人會趁機占便宜。」如果可以從頭來過一次，她會更努力說服大家採納自己一開始的計畫，希望一開始的討論可以放慢腳步，讓每個組員都解釋自己想怎麼做、及原因何在。他們可以一起淘汰不切實際的想法，討論哪些作法可行。布莉安娜也了解，提出這樣的建議需要勇氣；不過，這樣做出來的成品會比較出色。

其實，這種發揮勇氣的例子比你想像中的還多喔。

摺T恤與內向領導者

雖然內向者在團體中通常很低調，但證據顯示，內向者會是很好的領導人，領導成果經常比外向領導人更出色——你沒看錯，內向領導結果不只是還不錯，而且還比外向領導結果更好。美國賓州大學華頓商學院心理學家亞當．格蘭特（Adam Grant）曾和同事一同研究，觀察內向、外向者在團體中的行為表現。他們的試驗找來一百六十三位大學生，分成五人一組，每組指派一位組長，其餘四位當組員。接著交給每組一堆T恤，請他們執行一項簡單的任務：在十分鐘內，比賽哪一組能摺最多的T恤。

不過試驗其實有項設計：每組中都有一位「學生」其實是演員，都學過一種快速、有效率的摺衣法。摺T恤比賽一開始，這位演員會告訴其他人他知道一種很棒的摺衣方法，問大家想不想學。如果組長的個性比較內向，這一組聽取建議學摺衣法的機會就比較高，而比較外向的組長則較不容易接受意見。結果造成很大的不同：聽取建議的小組摺衣服的速度比較快。

不只是摺T恤，格蘭特教授也研究了連鎖披薩店的營收，發現業績最亮眼的分店，是由內向的店長帶領積極的店員。

另外還有一項著名的研究。企管學大師吉姆．柯林斯（Jim Collins）發現，美國績效最出色的十一家公司中，每一家員工都這樣描述公司的執行長：「謙遜」、「低調」、「輕聲細語」、「沉靜」、「靦腆」。這樣的結果其實不叫人意外，內向者通常只有確實能創造貢獻時，才會擔任團體的領導人，而當上領導後，也會仔細聽取下屬的意見；比起只因為滔滔不絕、喜歡掌控情勢而當上領導的那些人，內向領導人的成果自然會勝出。

回到凱芮娜的例子。凱芮娜十年級時，班上的英文老師把同學分成小組，請他們用 PowerPoint 為一本歷史小說做簡報。老師指定作業前，凱芮娜就已經讀過這本小說，很了解內容。叫凱芮娜「書蟲」還太客氣了；她讀遍了學校書單上每一本書，自己還會看其他奇幻與科幻小說。不過，她很抗拒在眾人面前發言，也不想和其他人同組。

但凱芮娜沒想到，老師把她和其他三個一樣內向的同學分在一組。第一次討論常出現沉默，每個人好像都在等別人自願出來當組長。最後，凱芮娜鼓起勇氣擔任組長的角色，畢竟她讀過那本書，對於書中如何使用意象與場景也有自己的見解。

她說：「我先提出自己的看法，然後問大家：你想做什麼？你可以負責這部分的工作嗎？」結果發現，鼓勵其他同學發言，而非搶占注目焦點，可以幫助組員敞開心胸。沒多久，大家紛紛說出自己的意見。凱芮娜說：「我們互相聽別人說話，感覺好像大家在背後彼此支持著。」

凱芮娜向自己證明了她能在大家面前發言，而且知道有人會專心聽她說的話，所以現在也沒那麼緊張了。「我以前從來沒辦法當組長，不過這次很順利，後來大家合作無間。」她微笑加了一句：「而且，知道**自己**有貢獻真好。」

住在多倫多、讀六年級的連恩也想了個方法，讓團體活動更適合自己的個性。他請老師同意讓大家挑自己的組員，如此一來就可以找才幹、知識彼此互補的同學同組。譬如，有次團體作業是做氣候變遷海報，連恩和他最好的朋友艾略特、另一位朋友梅瑞迪絲決定做電子版的海報，用 Photoshop 畫出四季的景色。連恩說：「艾略特知道怎麼用圖片和條列說明，讓海報更漂亮；梅瑞迪絲很聰明，有科學頭腦；我則是比較熟 Photoshop 和電腦。我們一起做，結果會很棒。」艾洛特、連恩和梅瑞迪絲選擇意氣相投、各具天賦的夥伴，做出了他們引以自豪的作品。

觀察敏銳的編輯

在美國文化中，聆聽別人說話的能力，似乎並非出色領導力的要件。不過，這種誠心傾聽的能力其實非常重要。

露西是住在英國的少女，這種能力便賦予了她領導優勢。露西從國中升上高中時逐漸發現，內向的個性帶給自己某些獨特的本領和能力，便欣然接納自己沉靜的天性。她加入校刊社，很快就升上副總編，工作職責包括校稿、協助挑選要刊登的文章，並確保寫文章的同學準時交稿。大部分的工作露西可以一個人完成；如果要給寫文章的人意見，或提醒同學交稿時間快到了，她會寫電子郵件。這種安排很符合她的性情。

有時編輯會開會討論，集思廣益，不過大家都很熟，所以露西可以很自在地提出意見。只有在校刊社大會上，露西才會變得沉默；在社團大會上，所有寫文章、攝影的同學、編輯、設計都會聚在一起宣布事項。比起小小的編輯聚會，社團大會的人數多到令人緊張。

露西雖然話不多，可也絕非置身事外。我們之前說過，內向的人觀察力多半很敏銳，露西也不例外。除了仔細聽大家說話，她還會看大家的表情，觀察每個人的反應。在一次初期規畫會議上，露西觀察大家礙於關係，不好意思直言批評。原本社員一致同意第一期校刊要採用拼貼風格，類似剪貼簿或 Tumblr 的頁面，不過等到平面設計師在會議上拿出作品，露西一眼就察覺設計風格不到位，圖片數量不夠，字體也太一板一眼。會中大家一致稱讚設計作品，不過露西環顧房內的人，從同學臉上的表情看出他們有所保留。他們不是不敢表達意見，就是人太好不想批評。

會後露西和執行編輯討論這件事，發現自己直覺精準：大家對設計結果都不太滿意，但不知道怎麼表達意見，才不會讓設計不高興。露西想出一個辦法，她和執行編輯私下找設計來談，提供建設性的意見，並溫和地建議設計修改方向。最後，設計接受了她們的想法——第一期雜誌的封面讓老師、同學都讚不絕口。

在團體中如魚得水

我還是喜歡一個人工作——畢竟我是作家，這也是工作的一部分。儘管如此，我也認為在團體中和大家一起工作是很重要的生活能力。因為「寧靜革命」計畫，團體工作在我生活中的比重也愈來愈高了！

這幾年來，我一直學習怎麼順利在團隊中工作，希望幫助你在團隊中也能一樣如魚得水。以下是幾個小訣竅：

沉靜，不沉默

你不需要講贏每個人，或每次有機會都要發表意見；不過，你應該用你覺得自在的方式，表達自己的想法。你可以分別和小組裡重要的成員一對一討論（開會前討論最有效），或者改用文字溝通，發起群組電子郵件或訊息討論串，這樣就能娓娓道來你的想法，**不用擔心**要在當下斟酌用字遣詞。有些老師也會架設網路討論區，讓同學表達想法、提供回饋，並發表成果（如果沒有，可以和老師建議）。

找到適合的角色

露西發現，她最能發揮貢獻的方法是做記錄、查找資料、運用觀察力。也有些人適合提出反問刺激思考，或主持會議請別人發表看法，不一定要提出自己的意見。花點時間，找出最適合你個性的角色吧——幕後工作的重要性並不亞於鎂光燈下的演出，看看電影和科技業就知道了！

尋找新夥伴

如果和某些人一起工作感覺很自在，就多和他們合作。不過，這並不表示你只能和朋友或個性相似的人合作；試試找些不同的人搭檔，這樣可以認識新朋友，有些同學或許能激發出你堅定的領導個性呢！

推動默想

小組開始討論前，可以建議大家先花幾分鐘默想幾個點子，這樣內向、外向的同學**都**可以先勾勒腦中想法，讓待會的討論更充實、更有意義。

校外團體

要練習團體合作能力，可以針對你喜歡的科目或活動，參加校外活動或工作坊。擔任志工也能接觸對你有幫助的活動或團體。

試試「紙上腦力激盪」

這個方法流傳已久，每個人先把想法寫在便利貼或紙上，然後大家一起把紙貼到白板上，所有人共同討論。這個簡單的技巧讓大家可以提出意見，不用擔心講到一半遭人打斷或否決。

避免被打斷

如果覺得講話常被打斷，可以試試這個方法：稍微提高音量，舉起手，掌心朝外，表示你還沒說完。這樣你就能禮貌地表示：別吵，我還沒說完呢！

早點開口

給自己一點壓力，讓自己在小組討論時早點開口。講過話以後會覺得比較自在，其他人也會把他們的意見告訴你。你會覺得自己參與了討論，也有助提升信心。

第四章　當領袖

每年，葛蕾絲的學校都會從八年級學生中選出二十五個孩子，擔任「學長姊領導員」，輔導低年級學生適應國中生活。葛蕾絲的姊姊也擔任過領導員，並大大吹捧這個工作帶給她多棒的體驗、多好的啟發。葛蕾絲六年級的時候，因為太害羞而不敢交新朋友，她很希望當時有人能給她指點。她覺得自己現在能幫上一些六年級新生的忙，能看出哪些孩子個性內向，並拉他們一把、走出自我封閉的保護殼，於是決定追隨姊姊的腳步，參加甄選。

雖然準備起來不容易，但遞出申請文件之後，葛蕾絲覺得自己已經準備好要面對挑戰了。申請的學生們會分成幾個小組，每組八人，接受團體面談。老師和副校長會根據申請學生的表現，選出下一批學長姊領導員。葛蕾絲明白同年級的競爭對手很多，每五個同學中就有四位想當領導員，她估計中選的大部分會是能言善道、活潑外向的同學。快輪到她那一組面談時，她和其他同學一起站在會議室外面，發現就像她想的一樣，所有人都是她口中那些「吵個不停的外向者」，除了一個講話很小聲的男生，是她班上的同學。

進了會議室，兩位老師和副校長坐在長桌的一端，學生找位置坐下，準備回答索引卡上寫的問題。馬上有幾個同學自願先回答問題，不過葛蕾絲沒有立刻舉手。她知道自己不必第一個發言；從英文課的經驗中她學到，過了幾個人後再開口，自己會比較自在。她說：「其他同學都加入討論，不過我想先專心聽，等大家安靜下來、沒有人開口，或等最後大家都說完了再發言。」葛蕾絲逐漸覺得沒那麼緊張了，對討論也慢慢累積一些想法；這時她注意到，她班上那個文靜的男生也什麼都還沒說。他看起來有好幾次都想開口，不過其他人又接著講下去，他插不上話。葛蕾絲有點想叫其他人安靜下來，給他發言的機會，不過這不是她的作風。於是，在討論稍歇時，葛蕾絲舉起手，問那個男生是不是想說些什麼。

男生回答：「對，不過我很緊張。」葛蕾絲為了幫他，用自己索引卡上的問題問那個男生，問題是：如果可以重讀一次國中，你會有什麼不同？男生答完，葛蕾絲也補充自己的答案，表示如果能重來，自己會擴展人際關係，認識更多朋友，不會只和感情最好的另外兩個女生黏在一起。

面談結束後，葛蕾絲不知道自己表現得好不好。她說的話夠多，夠讓老師覺得她能當個領導員嗎？幾天後結果揭曉，她選上了；除此之外，那個文靜的男同學因為她的幫忙，也一起入選了。葛蕾絲幫助同學，展現出自己真的具備了領袖風範。

什麼是領袖？

在走訪美國各地的公私立學校時，我發現有兩股趨勢令人憂心：一是許多教育工作者似乎很看重領袖特質，認為每個學生**都該有**這種特質，即使許多學生只想保持低調，自有自的規畫。二是有意無意地把領袖特質跟外向畫上等號，那些有所謂領袖特質的年輕人，通常都個性外向。如果文靜的孩子想在團體作業或學生會中爭取領導職務，通常都會被分派到次要的工作，例如做會議紀錄、或協助他人。

但要成為領袖，不代表一定要長袖善舞或引人注目。我認為，現在應該要正視沉靜領導人的力量了。領導效能最好的人，並非為了掌握權勢或追求鎂光燈才站出來，而是希望能推動理念、宣揚觀察世界的新觀點，或改善某群人的處境。無論內向或外向的人都會有這樣的動機；無須改變自己內向的特質，也可以達成同樣的目標，激勵人心或創造啟發。

在運動場、商場或教室裡，領導有許多種方式。盛氣凌人、坦率外向、廣受歡迎的孩子往往最受矚目，但別讓這種假象騙了。有些沉靜的領導人早已登上權力頂峰，譬如美國時裝設計師與品牌創辦人艾琳・費雪（Eileen Fisher），她本身內向又害羞，但這份內向也啟發了她的創作靈感，讓她學會設計出舒適的服飾，展現輕鬆自若的風貌。

費雪吾德不孤，微軟創辦人比爾・蓋茲也說自己個性內向。比爾・蓋茲將微軟打造成世界上獲利最豐、影響力最大的公司，並創辦了世界上最注重創新的慈善基金會——蓋茲基金會（Gates Foundation）。（比爾・蓋茲還說過，他非常喜歡我在TED發表的演講！）另一位著名的內向性格者，是身價數十億美元的投資之神巴菲特（Warren Buffett）。他個性沉穩、思考深刻，能和其他人團隊工作，也能一次坐在桌前好幾個小時，研究財務資料。就連我之前就讀的哈佛法學院院長瑪莎・麥洛（Martha Minow）女士，她在法學院這種注重口頭討論的地方擔任院長，卻也說自己個性非常內向。

人權領袖

美國歷史上有位個性內向的領袖，嘉言懿行鼓舞人心、歷久不衰，那就是艾蓮諾．羅斯福（Eleanor Roosevelt）。艾蓮諾從小個性極為害羞謹慎，為自己的外貌與內向性格而難為情。艾蓮諾的母親是美麗優雅的社交名媛，看到艾蓮諾這樣的行為舉止，甚至給她取了「小老太婆」的綽號。艾蓮諾後來嫁給遠房表親、當時政壇上的明日之星小羅斯福。親戚朋友都說，艾蓮諾不像小羅斯福會娶的那種活潑開朗、幽默風趣的女人。艾蓮諾的個性完全相反，她不愛笑，不喜歡閒聊，思想嚴肅，個性害羞——同時也非常有智慧。

一九二一年，小羅斯福罹患小兒痲痺症，這對他來講是個沉重的打擊。在小羅斯福休養期間，艾蓮諾擔任他與民主黨的聯繫管道，甚至答應出席一場募款餐會，並在會中演講。她很怕公開演講，也不擅此道。她的聲音尖細，笑起來侷促不安，而且總是在不該笑的時候笑。不過她找人來幫自己訓練，有驚無險地完成了任務。

雖然有了這次經驗，艾蓮諾對自己還是沒信心；不過，她逐漸投入心力，著手改善周遭的社會問題，為公民權、女權、移民人權發聲。一九二八年，小羅斯福當選紐約州州長，艾蓮諾出任民主黨女性事務處主任，成為美國政壇極具影響力的人物。

一九三三年，小羅斯福當選美國總統，當時正逢經濟大蕭條最嚴重的時期，艾蓮諾走遍美國，聽人民訴說不幸的遭遇。回家之後，她把所見所聞告訴小羅斯福，敦促小羅斯福改善現狀。推動政府籌組各項計畫，幫助阿帕契山脈飽受饑荒之苦的礦工，並力促小羅斯福將女性和非裔美國人也納入以工代賑計畫。

艾蓮諾從一位害怕演講、個性害羞的少女，成長為能悠遊於公眾生活的女性，成為美國首位開媒體記者會、在全國大會上演說、寫報紙專欄、上談話廣播節目的第一夫人。後來，她更代表美國出任聯合國大使，運用她特有的政治技巧與堅韌個性，促成《世界人權宣言》通過。

長大後，艾蓮諾依然沒有擺脫文靜害羞的個性，一輩子都苦於自己的「葛賽妲公主病」（這是她自創的說法，取自中世紀傳說中一位從不開口的公主），努力想鍛鍊出「與犀牛一般厚」的臉皮。她說過：「害羞的人永遠都會害羞，不過可以學會克服自己的害羞。」然而，正是因為她這種敏感的個性，才會對受壓迫的人如此感同身受，為他們挺身而出。

內向的學生會主席

我們在第一章提過那位害羞的戴韋思，後來也追隨這些內向領導者的腳步。雖然剛上國中時很難適應，不過後來他想出辦法，在與同學往來及獨處之間找到平衡。一個人獨處久了也會煩，於是他加入學校的數學隊，並發揮其長時間專注的能力，參加比賽屢屢獲獎。耐心也是他的優點，他逐漸和隊上其他同學成為朋友，也比較能敞開心胸，自在地表達自己的想法，並對隊上該怎麼合作、怎麼提升能力，提出自己的意見。

戴韋思升上八年級時擔任隊長，沒想到當隊長喚起了他的熱情。他表現得很出色。戴韋思發現內向的一個好處，就是觀察力會很敏銳，所以能注意到別人有什麼感受，或能理解他們的想法。他發現學校有些地方需要改變，因此決心由**他**來推動變革。當導師問有沒有人自願加入學生會時，他深吸一口氣，做了平常在班上盡量不做的事：舉手自願。

學生會第一次開會時，成員很明顯都是些交遊廣闊的學生，他們圍坐桌旁談笑，在團體中看起來如魚得水。

戴韋思有點擔心，自己當初是不是不應該來；這裡的人他只認識自己的表妹潔西卡。潔西卡七年級，是啦啦隊的主力成員。

在學校裡，最了解戴韋思的人就屬潔西卡了，他們家族每個週末都會聚餐。潔西卡知道，雖然戴韋思文靜又害羞，但不代表他只想隱身在人群之後，他心裡其實想有一番作為，而潔西卡也相信他做得到。所以，在競選學生會主席時，潔西卡鼓勵戴韋思參選。戴韋思覺得潔西卡瘋了，因為學校裡的人氣女王已經宣布要參選，她要當選主席簡直手到擒來。而且戴韋思的學校以白人為主，他是少數幾個有色人種的學生，常覺得自己難以融入。有誰會投給一個越南裔的害羞男生，選他當學生會主席呢？戴韋思怎麼想都覺得不可能。

潔西卡聽戴韋思說完，但還是要戴韋思相信她，去參選主席。她說，最糟的狀況也只不過是沒選上，而且大家也不會記得他一開始有參選。最後戴韋思答應了，開始規畫如果當選要推動什麼計畫；潔西卡也一起幫忙，和戴韋思在學校各處張貼海報。

戴韋思說到那時的情況：「每個人都在想：這傢伙**是誰**啊？他們只知道我是那個書呆子，其他的就不知道了。」投票前，兩位候選人到各班發表簡短的演說。想到要站在眾人面前開口說話，戴韋思怕得要命，不過潔西卡陪著他，也提醒他要相信自己的能力。戴韋思的對手在眾人面前表現得落落大方；她的參選政見很簡單，就是承諾舉辦更多社交活動，像是學校舞會或才藝表演。而戴韋思對學校有更具體的政見；再怎麼說，他可是在過去兩年的時間好好觀察了學校的情況，也注意到一些可以改善的地方。他在演說中強調了當選後他計畫推動的所有事項。

學校餐廳是一大重點：學校規定學生在餐廳吃飯時只能和同班同學坐一起，不能換到其他桌，和其他年級或班級的朋友一起坐。戴韋思發現這個規定讓大多數人都很不滿，所以他提出如果當選主席，他會建議校長讓同學自己選座位，只要同學守秩序就行。

戴韋思也注意到，當同學課業上有問題時，會先問其他同學再去請教老師。所以他規畫成立同儕課輔制度，讓同學間互相指導。此外他還提出了一些其他政見。他在每一班演講時都很緊張，不過他確實傳達出自己的政見，學校的同學也都聽進去了。

各班演說結束，戴韋思和另一位候選人都表現得很好。另一位候選人演說魅力十足，牢牢抓住聽眾目光；不過，隨著一場場演說下來，戴韋思的想法明顯比較成熟完整，也比較可能實行。

選舉結果在週五早上出爐。新的學生會主席，就是那位文文靜靜、上學第一天在校車上頭髮被人黏了口香糖的男孩！

戴韋思能順利當選，是因為他運用了自己天生的優勢，注重內涵，而非風格。他沒有模仿另一位候選人，想要變得和她一樣人緣好又擅長交際，而是專注在提出好的政見，處理棘手重要的議題；也多虧他敏銳的觀察力，才能發現這些議題。他沒有因為不自在而退卻，反而挺身而出，勇往直前，也讓所有人都感受到他的勇氣。

善於傾聽的領袖

我十幾歲的時候，完全不是大家口中那種「天生的領袖」，但也不是那種只會跟著別人腳步走的人。我雖然個性害羞，但對自己想做的事很堅定。我原本就熱愛寫作，所以那時候考慮是否加入學生報社當編輯。不過當時報社裡人非常多，我覺得自己管不來那麼多人，而且我真正有興趣的不是新聞，是創意寫作，所以後來進了學校文學雜誌社當編輯。雜誌社比較小、比較親密，幫雜誌寫稿的同學也比報社同學更有藝術氣息、更特立獨行，和他們在一起很自在。對於這群奇特的同學，我發現可以用自己沉靜的風格把工作做好，大家會敞開心胸聽我說話，並尊重我的想法和領導風格。當編輯的那年，年底有個同學在我的畢業紀念冊上寫道，他很高興讓一位他敬重的人來領導大家。看到這段話我非常吃驚，這是我第一次發現自己能領導別人。

這裡要先介紹洛莉，她住在紐約州，熱愛運動，也很有志向，娓娓道來自己如何培養出類似的沉靜領導風格。洛莉是典型的內向者，有一次爸媽帶她去洋基球場看棒球比賽，她卻對上萬名球迷的歡呼聲充耳不聞，逕自讀起手上的小說。不管她怎麼催眠自己，努力想參加團體活動，最後都還是覺得興趣缺缺。她覺得自己個性中的這一面是種缺陷，覺得很丟臉，希望自己能更活潑外向、善於交際。想到過去的事，她說：「我不想說自己個性內向，我覺得內向這個詞有負面的意思。」

除了內向，洛莉覺得自己還有另一個特質，那就是她能領導別人。在她心目中，這兩件事並不衝突。升上高中後，她決心爭取自己田徑隊上的隊長職務。想當隊長要經過一連串的程序，首先要和教練面談，說明自己計畫怎麼改善整個田徑隊。

洛莉已經觀察隊上兩年，心裡也一直想著這個問題。和教練面談時，她提出了幾個不同想法。洛莉注意到田徑隊可以更團結：隊上有八個女生，有些人彼此從沒講過話，因為她們的專攻不同，從長跑到撐竿跳都有。洛莉認為，如果隊員感受到更多其他人的支持，在大賽上或許會表現得比較好。於是洛莉在第一次提出意見時，就談到每次開始練習前，大家可以一起做伸展，另外核心與腹部肌肉訓練也可以一起做，因為這些訓練每個人都要做。還有，雖然洛莉比較喜歡人數少的溫馨聚會，不過她也提到了舉辦聚餐、團隊社區服務、外出聚會等活動，或許可以讓大家更團結。

教練覺得洛莉的看法有道理，也看得出她有仔細觀察過，於是選她擔任其中一位隊長。她後來一直擔任隊長職務直到畢業。洛莉並不想改變自己的個性，逼自己變得大嗓門、有話就說，而是以身作則，全力做好隊員的表率。除了帶隊友一起做伸展，她也會固定在田徑隊的 Facebook 頁面上貼出團隊目標。洛莉希望隊員能發揮最佳表現，且田徑隊過去表現向來不錯，她鼓勵隊員努力爭取冠軍。

洛莉從不帶大家做隊呼，這件工作不適合她，她讓另一位隊長去做。不過洛莉會和隊員一對一交流，特別是年紀比較小的隊員，在練習前後和她們聊聊，解答問題，回顧一下當天做了什麼練習。她對這些隊員了解愈深、愈清楚她們的動力來源，就愈能幫助她們發揮出色表現。大賽前，洛莉會和另一位隊長召集隊員，討論比賽策略，從比賽前一晚該睡多久，到什麼樣的食物會帶來更充沛的精力等等，無所不談。一位隊員的成功，就是全隊的成功；而全隊的成功，也就是隊長的成功。

雖然洛莉並不常發言，但她發現每次開口說話時，隊友都會仔細聽。她說：「如果和她們走近一點，多花點時間相處，她們自然會更尊重你，更會把你當隊長、領袖。這麼一來，如果要帶練習，她們也會聽你的。她們會觀察你的行為，不需要大吼大叫引起她們注意。」

隊員都很欣賞洛莉這種內斂沉穩、個人化的領導方式，洛莉也擔任隊長達四個賽季之久。當洛莉升上高年級後，她發現自己的努力開花結果了——田徑隊勝績不斷，超出過往紀錄。「田徑隊表現一飛衝天，我們打破好幾項學校紀錄，而且兩次獲得聯盟冠軍，第一次有同學因為田徑而獲得大學獎學金。」洛莉自己也包括在內，她可能會上哈佛大學繼續練田徑。洛莉尊重每個人的意見，田徑隊表現如此傑出，她沉靜的領導方式功不可沒。

誰說講話大聲才能領導？

沉靜有力的領導人帶領我們走過了漫長歷史。就像戴韋思的例子一般，即使身處在一群聲音宏亮、活潑外向的人之間，你沉靜的力量也能穿透群眾，散發光芒。讀下面的小技巧時，別忘了第二次世界大戰時的英國首相邱吉爾說過這段話：「挺身發言需要勇氣，坐下傾聽也需要勇氣。」

你想擔任領導者，同時保有自己的特色嗎？以下幾個建議可以幫助你踏出第一步：

善用優勢，贏得競爭

戴韋思很怕在同學面前公開演講，不過他沒有假裝自己是個幽默風趣的社交高手，而是在演講中強調他參選想改變的事情。最後，比起競爭對手臉上的微笑，戴韋思的同學更看重他演講的內涵，以及他的勇氣。

追隨熱情

領導本來就不容易，要為你不重視的志向或目標去領導別人，更幾乎是不可能的事。不管是慈善活動或團體運動，都要善加運用你的熱情，讓大家看到你如何不遺餘力地付出。

交流傾聽

內向的人擅長培養深刻的個人關係，也擅長傾聽，這兩個特質可以讓你成為有力的領導人。如果大家發現你真的關心他們的想法與感受，就比較會追隨你。如果你比較無法應付大型團體或站上講台，就慢慢地、穩定地建立盟友，一次進行一場真正誠心的交談就好。

重視他人

霸道強硬的規定多半都不管用，沒有人喜歡別人對自己頤指氣使。大氣的領導者知道，要讓人覺得有目標、有意義，就必須分配重要的角色給別人、並聽取別人的意見；且如果意見有道理，就應該採納實行。透過傾聽和觀察，你可以輕鬆判斷團隊中的成員各自適合怎樣的角色。

當仁不讓

文靜不代表軟弱，也不代表別人不會追隨你。洛莉相信自己適合領導，所以爭取當隊長，之後也證明了教練選她當隊長是正確的決定。

找出模範

無論我再怎麼保證文靜的人也可以是強而有力的領導者，如果你看不到生活中的實例，大概還是不會相信我說的話。找找看你的生活中有沒有與你個性相近的出色領導人，不論是認識的人或仰慕的名人都可以。這樣你就會發現，個性內向也可以出色地領導眾人。如果缺乏自信，還可以在心中仿效他的步伐。

以身作則

這是領導的金科玉律，對內向的領導者來說也很容易實踐——讓你的同事、隊友、朋友看到你多麼投入認真。其鼓舞人心的效果，不亞於一場激情的演講。

第二部　安靜的課外活動

第五章　交朋友

我們都認識一種人：有著大嗓門、談吐很風趣，如果走進都是陌生人的房間，一個小時出來後就已經交了兩三位好朋友。社會上把這樣的人當作理想典範，好像人人都該這樣做。可是，對許多內向的人來說，沒頭沒腦地聊天根本就不自然。比起十幾個泛泛之交，我們多半寧可有幾位知心好友。

學校有時候很像金魚缸，你做的每件事彷彿都攤在大家眼前，每個人都可以去批判甚至指指點點。想找到相處起來自在、開心的朋友，有時並不容易。住在美國俄亥俄州的蓋兒談到她的朋友，說：「我有三個好朋友，我跟她們每個人都很要好，什麼事都告訴她們。我也會跟其他人聊天、一起玩，不過不會輕易把別人當朋友。朋友就是我有什麼事都會去找她，她也什麼事都會來找我。」

朱利安和安德魯雖然上不同學校，但兩人仍是無話不談、推心置腹的好朋友。

朱利安個性內向、低調，喜歡一次和一個人相處。「有時候我們就只是待在家，看一些有點白癡的YouTube影片，不過大多時候會討論事情，給彼此建議。每次我們在一起，我都覺得時間過得好快。我覺得他很有智慧，說一個十幾歲的人有智慧好像有點奇怪，不過我真的有這種感覺。」

但朱利安沒想到，和安德魯交朋友，也為他帶來其他朋友。一開始朱利安要和安德魯其他朋友見面時很緊張：他們會不會不喜歡他，或覺得他不夠健談？後來發現，安德魯的朋友不但和安德魯有很多共通點，和朱利安也有很多共通點。「我們這群還是人不多，有時會放音樂來跳舞，但不是那種大型的音樂派對。有時候只有我和安德魯兩個，有時候有十幾個。我只和自己喜歡的人交朋友。」

裝開朗的代價

之前提過的露西，也就是那位害羞的的英國女孩，曾經努力想讓個性變得活潑開朗。在學校她常和一群也喜歡讀書、對生物有興趣的女孩子在一起，不過裡面有幾個人個性和她南轅北轍，有時候露西實在難以和她們相處融洽。露西的朋友做什麼都在一起，從讀書到去派對都形影不離，露西也跟著她們去。不過，她其實比較喜歡大家一起待在家，或兩個人一起談天說地、做白日夢。雖然露西和朋友個性不同，但有這些朋友讓露西很安心。露西經常讓討論發展得更深刻、更有意義，所以大家都很能接納她內向的一面。

露西十四歲時，逐漸覺得自己需要多點時間獨處，所以午餐時間會到圖書館去。她從不認為自己是個性內向的人，甚至不知道內向是什麼意思，但她已經厭倦了表現出很合群的樣子；獨自一個人吃午餐，讓她可以喘口氣。

然而有一天，從圖書館走回教室的路上，露西在走廊遇到她那群朋友，一共有九個人，其中一個猛然踏上前，嚴肅地說：「我們要和你談一談。」她領著露西走到操場，所有女孩坐成一圈，把露西圍在中間。

她的朋友手往空中一指，開口問：「你為什麼都不理我們？一到午餐時間就消失，也不跟我們說一聲，我們到圖書館找你，你還很不耐煩的樣子，這樣真的很過分。我們是朋友，你應該對我們好一點。」

露西突然明瞭，她朋友說的沒錯，她的確對她們不太友善。她討厭書讀到一半被打擾，所以或許真的在避免和她們打交道；不過她無意惹她們生氣。現在好了，這九個女孩圍著她團團坐，盯著她看，有些目光更是憤懣不平。

露西解釋：「我只是需要一點時間獨處，不是不想理你們，讓你們覺得我沒禮貌，真的很抱歉。」

一個女孩說，如果露西還想繼續和她們當朋友，就要遵守一些規定。第一，午餐時間要和大家在一起。第二，露西要去圖書館，必須先告訴大家。

這次的經驗讓露西大吃一驚。她終於明白，其中有些人不是真心和她做朋友。在這些人面前一定要表現得活潑外向，否則她們就好像不想看到你。露西以前一直假裝自己個性外向，所以現在她在午餐時間消失，大家自然會覺得奇怪。

後來，她和這群人中的四個女孩逐漸疏遠，但和支持她的五個女孩則愈來愈要好，有幾個甚至會在團體討論的時候照顧她，對大家說：「露西有話要說！」讓大家注意聽她說話。露西再也不必掩蓋或解釋自己的個性，再也不必扮演另一種性格了。

假面朋友

喜歡跳舞、個性內向的喬姬有過更不愉快的經驗——她曾經和一群女孩子很要好，以為她們是朋友，最後卻和她們決裂。喬姬從幼稚園開始，就有人說她應該多表達自己的意見；長大之後，類似的評語依然揮之不去。喬姬不覺得自己害羞或內向，不過既然老師、同學都這麼說，或許自己個性有一部分就是這樣吧，而且是不好的一部分。慢慢地，她想，自己是不是有哪裡有問題？她的個性還有很多面向，譬如她對人親切友善，也熱愛運動，為什麼大家只在意她有多文靜內向？可能有什麼事她沒搞清楚吧。

升上六年級後，她和一群女生一起搭車上學；她們當朋友好幾年了，喬姬喜歡她們以前嘻嘻哈哈、傻裡傻氣的樣子。不過上了國中，她們講的話就開始尖酸刻薄起來。突然間，有沒有人氣、酷不酷，變成她們最關心的事，喬姬沒想到會有這種轉變。那幾個女孩開始批評喬姬聽的音樂不對、穿的衣服不對。後來，喬姬不停接到惡作劇電話，直覺就認為是這幾個女孩打的；雖然她們不肯承認，不過喬姬心裡很清楚。喬姬回憶那時的情況，說：「她們不是真心想和我當朋友，不過我不認識別人，也不想自己一個人。」

這些女孩除了冷嘲熱諷，也批評喬姬太文靜內向。有一天上課前，有兩個女孩子硬是要喬姬放聲尖叫。其中一個說：「我敢尖叫喔，你敢嗎？」喬姬說：「我不想尖叫。」她們為什麼要她尖叫？很明顯只是為了讓她不舒服。接著那兩個女孩就輪流放開嗓子高聲尖叫。喬姬沒有跟著叫，她假裝覺得很有趣，其實心裡只想哭。

糟糕的是，這種欺凌在國中很常見，特別是在女孩子之間。一般來說，男孩子如果意見不合，通常會動手打架，或約在運動場上見真章。女孩比較會運用人際關係來攻擊對方，有些則運用自己和其他女孩的關係，運用自己的地位或人氣來威脅、貶低受害人。作家瑞秋．西蒙（Rachel Simmons）在《怪女孩出列》（*Odd Girl Out*）中，就生動地描繪了女孩從小到大經歷的這種種排擠，並舉了許多例子說明某些孩子如何在人際關係中深受霸凌。

當然，會展現敵意行為的不是只有女孩。有個文靜的男孩羅傑，在五年級時獲選入讀進階數學班，非常高興；他非常喜歡數學，轉到進階的班級也讓他更有自信。但他後來卻告訴父母，自己想留在原班級就好，讓他們非常吃驚。

後來，他父母發現有幾個男孩子威脅羅傑，說如果他轉到進階班，就要和他絕交。羅傑一開始不想失去朋友，但後來他自己改變了心意。他很喜歡數學，也想上進階班，如果這樣就要絕交，他們就不是真正的朋友。比起和這些所謂的朋友來往，上進階班對他的自信心幫助更大。

運用人際關係攻擊他人，對文靜內向的孩子來說殺傷力特別大，男生女生都一樣。內向的孩子通常會擔心自己交不到新朋友，所以會盡量忍耐，繼續和欺負自己的人維持朋友關係，最後造成自信心破碎。由於害怕未知的情況，他們會覺得就算朋友再怎麼惡劣，也比完全沒有朋友好。

幸好，許多孩子最後鼓起勇氣，毅然拒絕這種社會壓力。離開惡劣或會欺負人的朋友需要莫大的勇氣，但是請相信我，這樣的勇氣你也具備。

喬姬最後終於鼓起勇氣離開那群朋友。一開始她怕失去朋友，所以儘管每天午餐那些女孩都在取笑她，她還是和她們坐在一塊兒。但等六年級結束時，喬姬忍無可忍了；她已經被踐踏太久，決定從此之後再也不要任人欺侮。喬姬告訴爸媽，她再也不要和那群女孩一起搭車上學，也不想和她們再有任何往來。

交新朋友的路看起來遙不可及。所有人似乎都已經分成難以打入的小團體，喬姬和原本的朋友分道揚鑣後，就剩自己一個人了。後來，在七年級的科學課上，她坐在一個叫席拉的女孩旁邊，她們彼此不熟，一開始也說不上幾句話。不過有一天，席拉聽了老師的話笑了起來，不知怎地喬姬也開始跟著笑，兩個人愈笑愈厲害，停不下來，連老師都得請她們安靜。喬姬很開心，這還是她第一次聽到老師要她「**安靜**」呢！

那天以後，兩個女孩愈來愈有話聊，在課堂上傳塗鴉鬧著玩，也一起做實驗室的作業。喬姬還認識了席拉的另一個朋友，三個女孩會一起打籃球或網球、一起說傻話，也會嚴肅地討論某些話題，談自己長大想做什麼，希望怎麼幫助世界、改變世界。

喬姬說：「他們不像以前那群女生那麼『受歡迎』，但我知道形象不是一切，受不受歡迎其實沒那麼重要。我覺得她們不但接受我本來的樣子，也喜歡我本來的樣子，是我真正的朋友。」

上了八年級後，喬姬過得更順利了；除了和新朋友的友誼更堅定，也和其他女孩關係更好。她逐漸長大，也逐漸改變對友誼的想法，明白自己文靜的個性不一定會影響她交朋友。實際上，她從網球場和舞蹈場上發現事實正好相反。「文靜是一項優點，讓我不去和一群表面像朋友的人往來，而可以結交幾個真正知心的朋友，也讓我可以和朋友抒發自己的感覺或想法，有更深入的交流。」

打個招呼吧！

如果你還沒有交到好朋友，不要緊，交到真正的朋友需要時間；這種朋友會在背後支持你，也會看重你。住在密西根州的海莉個性非常害羞，對她來說，連打聲招呼都很困難。四年級的時候，她決定多努力一點，多和人打招呼，只要很快地說聲「嗨」就好，不一定要開始聊天。

這個小小的舉動有了意外的收穫。她一開始打招呼的幾個人中，有一個是剛搬來鎮上的新同學，海莉回憶：「我走上前和她打招呼，我們聊了起來，發現彼此有很多相似的地方。」新來的女生很高興海莉和她打招呼。「她覺得很溫馨，因為之前走上前和她打招呼的人不多。」五年過去了，她們依舊是好朋友，而且一起上了附近的寄宿學校，還成為室友呢！

戴韋思高中畢業後，有點擔心上了大學會交不到朋友，覺得應該想些招數替一開始的對話破冰，於是整個夏天都在學魔術。他說：「我是想，如果我不知道該和人家講什麼，就可以變魔術，開啟話題。」進了大學，戴韋思會隨身帶著一副撲克牌，要和不認識的人自我介紹時，就請他們抽一張牌，接著他會表演魔術，通常這樣就能和對方聊起來了。他說：「我有些最要好的朋友，還真是這樣認識的呢！」

這些互動讓戴韋思更有自信。後來他發現，其實這副牌就像助行器；變魔術的效果，就像他八年級選學生會主席時，外向的表妹潔西卡一直陪伴他、支持他一樣。大一結束後，他發現他不再需要變魔術了。如果想認識誰，他可以直接走過去自我介紹。

天生懂得聆聽

海莉與戴韋思可能還沒發現，我們內向的人有一種能力，對交新朋友特別有幫助，那就是懂得聆聽。你有沒有遇過一種狀況，在社交場合裡，你就是不想說話？我曾經遇過。閒聊有時讓人神經緊繃：我覺得自己隨時在備戰狀態，絞盡腦汁想著等等該拋出什麼有趣的回應。更何況，我不想只談談天氣或八卦；不是談天氣或八卦有什麼不好，但我通常迫不及待想多談一些，結果聽起來變得像在訪談別人。

很多內向的人說，如果想和周遭的人保持距離，又要撐過對話，他們會想辦法把別人的注意力導開，移向別的人事物。如果有時候我必須多講話，卻又特別不想開口，就會問對方與他們自己有關的問題，讓愛講話的人負責講——他的回答或許還能讓你聽得津津有味呢！別人的故事往往比想像中精彩；比起說話，聆聽可以學到更多。

當然，也要小心別讓對話太不平衡；對方希望有人聽自己說話，而不是被人審問。所以別擔心，有什麼想法或意見，可以隨時插話。

許多記者都說，他們正是透過類似的經驗，了解自己想從事記者一職。對廣播、Podcast 節目《美國生活》（*This American Life*）的主持人艾拉·格拉斯（Ira Glass）來說，和別人談話是他工作的一大部分：訪問時，他會有技巧地讓對方放輕鬆，再引導對方說出自己的故事、感覺或信念。然而，格拉斯在二〇一〇年與 Slate.com 的專訪中提到，自己「完全不是天生說故事的料。勉強說起來，我算是天生懂得訪問，天生懂得聆聽，但不是天生就懂得說故事」。

格拉斯說得或許不多，但他懂得仔細聽人說話、問對問題，並補充自己獨到的觀察，才讓節目這麼精彩。懂得讓對方覺得自在、覺得有人在聽自己說話，並從中發掘對方深藏的精彩故事——這，就是內向者具備的超能力。

把話說出來

不過，一直聽人說話會讓人厭倦。你已經聽了那麼多別人的事，可是什麼時候才輪到**你**說話？你的想法應該也和別人一樣重要吧，為什麼不是別人來聽**你**說話？

你聽過父母告訴年幼的小孩「把話說出來」嗎？最近我聽到一個當父親的人跟自己嚎啕大哭的孩子這樣說——他想幫孩子，但不知道孩子為什麼不開心。那孩子抽抽噎噎的，沒有說自己為什麼哭。

沒有人會讀心術。雖然我們內心都希望別人能了解我們，但我們必須提供更多資訊。我們必須**開口說出來**。表達自己有時候很可怕，但說出自己的需要，能賦予你力量，而且通常也會獲得良好的回應。

如果你覺得自在，或願意再多努力一點，請試著把話說出來，提出你的意見、想法、感受。要別人注意你，不代表你自以為是、愛自吹自擂；希望別人聽你說話，也不表示你背叛了內向的自己。交朋友有施，**也有受**——你花時間耐心、專心地聽別人說話，也要多仰仗你的朋友，誠實表達自己的感受，作為回報。

培養沉靜的友誼

我們沒辦法單憑一種技巧，就找到真誠、全心全意的朋友。以下我提出幾個方法，但最重要的是保持心胸開放：在角落那個新來的同學，或在學校餐廳跳到中間桌上，高談闊論、人氣超高的同學，可能就是你下一個知心朋友。而因為你喜歡兩個人交心深談，也願意仔細聽人說話，對他們兩種人來說，你也會是很珍貴的朋友。

做你自己

不必為了讓人留下好印象，就裝出另一種個性。真正的朋友會欣賞你原本的面目。個性內向的拉拉建議：「不要為了交朋友假裝自己很外向。比起一群泛泛之交，有一個真心朋友好多了。即使有時候因此孤獨，也比逢場作戲來得強。」同時別忘了注意，什麼樣的朋友能帶出你真正的一面——瘋癲傻氣、真情流露、誇張搞笑的一面。那時候你就知道，自己「找對人了」。

別怕孤獨

如果身邊的人或朋友待人刻薄、不懷好意，就趕緊抽身吧。喬姬就學到了教訓——寧可沒有朋友，也不要和一群會傷害、霸凌你的人當朋友。你的朋友應該讓你覺得放鬆自在，無論開心或難過的時候，都可以讓你展現自己真正的一面。

加入團體

對文靜的人來說，這個建議可能有點違反直覺；但如果想交新朋友，加入小組、社團、課外活動是很理想的方式。如果這個團體建立的宗旨和你感興趣、有熱情的事物有關，那又更適合了。你會和興趣相投的人長時間相處，也比較不會為了要留下良好的第一印象而感到壓力。住在加州、生性內向的賈瑞德說：「如果你加入必須固定出席的課程或團體，會比較容易交到朋友，在那兒可以慢慢認識人，逐漸和大家熟識。」

從小處累積

麥可的父親是軍人，經常在各處軍事基地調任，有好幾年的時間四處搬家，因此麥可不得不想出一套交朋友的方法，什麼方法呢？一開始，先找一位好朋友就好。一旦和這位朋友感情穩固了，而且也認識另一位可以真心信賴的人，再開始考慮伸展觸角，結交更多朋友。

呼朋引伴

泰瑞莎說，她自己很難交到新朋友；不過，如果和比較外向的朋友在一起，就會認識原本可能不會認識的人。她說：「我發現要認識人，最好的方法就是和朋友在一起。這樣一方面有個安心的後盾，一方面又可以和人來往。」

拋出問題

懂得聆聽是你的強項。所以認識新朋友時，要好好發揮這項優勢，問對方關於他們自己的問題，聽完再接著問，讓他們了解你確實有仔細聽他們說話。如此一來，你會很快了解這個人，而且還有個好處：趁別人在說自己的事情，你可以喘口氣，不必不停說話。（不過要小心，別讓對話變成單方面的訪談了！對方也會想聽你說些自己的事。）

設想別人的感覺

每個人偶爾都會覺得沒安全感或尷尬，就算是學校餐廳裡最活潑外向、談吐風趣或盛氣凌人的同學也一樣。想像一下對方可能有什麼感覺，這樣你在和他們相處時，或許就能自在一點。

把話說出來

別忘了，沒有人會讀心術。最終你還是需要把話說出來，才能讓別人知道你的感受。如果對方真心和你交朋友，也會願意聽你說。

第六章　參加派對

國中的時候，有一次朋友幫我辦了驚喜慶生派對，大家伴著音樂說說笑笑，度過好幾個小時的快樂時光。我很幸運有一群好朋友，肯花時間、不嫌麻煩地幫我慶生，不過有件事我要老實說。那天晚上，我好幾次看著房裡那五六位朋友，失望的感覺卻不禁湧上心頭。別誤會，我絕對不是對這幾位朋友失望，只是忍不住覺得，應該要有更多朋友幫我慶生才對；如果是其他同學的驚喜派對，應該會有七、八十個人。那天晚上，朋友花了這麼多心思，想讓我度過開心難忘的生日，但我最後還是覺得自己人緣很糟。

如今回首當時，覺得自己真是庸人自擾。每個人習慣的社交圈大小不同，從幾個到幾百個都有。但是幾個人都不要緊——剛開始或許很難相信，不過相信我，只要結交的朋友是自己喜歡的，人數並不重要。說來好笑，如果當初朋友幫我慶生時找了七八十個人來塞爆我家，我才會生氣呢！

當然，內向不代表你無法沉浸在歡樂派對裡，或在聚會中展現過人的社交手腕（像我就很喜歡跳舞，有時候也覺得舞會很不錯）。不過，這種場合比較容易讓我們筋疲力盡，原因我們之前討論過。個性百分之百外向的人在喧鬧的派對中會更有活力，但內向的人對燈光、面孔、震耳欲聾的音樂等刺激比較敏感，所以沒那麼喜歡鬧哄哄的派對。這就像每個人身上都有一顆社交電池，但充電和放電的條件完全不同，我後來學會辨認自己的電池是不是快沒電了，判斷什麼時候該離開派對，或者坐到沙發上溫馨地聊聊天，幫自己的電池充電。

你也可以試試看。我有個內向的朋友，每次有人邀她參加派對都會出席，而且她人緣很好，所以邀她的人可不少！她喜歡和大家聚聚，大家也很高興她來參加。不過一兩個小時後，她就會感謝主人招待，優雅地道別，沒有人注意到她悄悄離開，大家也不介意她先告別，光是看到她來就很高興了。

同樣的道理，愛游泳的珍妮（第十章還會提到她）小時候，不得不和大家一樣參加人擠人的慶生派對。等朋友一個個到場，她就會去洗手間，而且待在裡面的時間特別長；她會把門關起來，在裡面喘口氣，讓自己平靜下來。獨處了一陣子後她又恢復精神，回到派對也玩得更開心。

只要找到適合自己的方法，你也做得到，從此再也不必為了參加派對而煩惱。

交朋友的魔術

會害羞的人要參加派對，其實有不少適合的方法。

就拿卡莉參加學校舞會的經驗當例子吧。大家都說學校舞會是派對的經典之夜，但對卡莉來說，要和所有同年級學生跳一個晚上的舞已經夠累了，還要讓學校舞會成為「**有史以來最完美的一夜**」，這壓力也太大了。

在卡莉的學校，每個人都很重視舞會。同年級的學生會各自結為不同的小團體出席，有運動健將和啦啦隊成員，有打獵迷小圈圈，還有卡莉的朋友，她親暱地稱呼自己這群人叫「怪怪文青」。卡莉這群人和她們的男伴決定低調地度過舞會之夜：大家先約在卡莉家碰面拍照，買好外帶餐點，再一起去舞會。卡莉鬆了口氣，覺得幸好可以跟好朋友結伴，輕鬆度過喧鬧的舞會。那晚她盡情跳舞，玩得很開心，不過更喜歡舞會結束後，和朋友一起在家裡廚房自在地做晚餐，聊聊舞會上的事。

之前提過的戴韋思也不喜歡熱鬧的派對，所以想出一個辦法。在國中時，非不得已他不會參加大型派對。當上學生會主席後，他得出席校友舞會，不過一旦做完分內的事，舞會國王、皇后和其他頭銜選出來以後，他就會請父母來帶他回家。戴韋思可不是反社會人格；相反地，他喜歡和人相處，只是知道自己喜歡不一樣的相聚方式。高中時，一群朋友把他當頭頭，他週末時不會呼朋引伴參加大型派對，但會請大家到家裡玩，一起打電動或玩牌。他家是哥兒們聚會的人氣地點。

長大以後，這種溫馨的聚會更帶來意想不到的效果。在大學時，如果有人邀戴韋思去熱鬧的派對，他會婉拒，不過他會很快邀對方做些別的活動，譬如隔天一起喝咖啡，或一起去畫廊看最新的展覽。對方知道戴韋思不是不喜歡自己，只是不喜歡派對，通常也會答應戴韋思的邀請，而且不限於個性內向的同學。外向的同學很愛去讓戴韋思避之唯恐不及的派對，不過也喜歡兩個人出去走走；這種變化讓他們覺得很新鮮。

戴韋思雖然拒絕朋友一開始的邀請，但最後反而和他們培養出更深厚的友誼。他不去派對，但也小心避免讓對方不愉快，或無意中與人為敵。不過，他還是擔心一件事：「我怕如果不去派對，大家都不知道我是誰。」

戴韋思並不是想追求人氣，只是不想沒沒無聞。不過，他很快發現自己的擔心是多餘的。大一快結束的時候，他和朋友走過校園，沿路和認識的人打招呼，他朋友說：「嘿，戴韋思，你知道全校一半的人你都認識嗎？」

戴韋思說：「你在說什麼？」

他同學回答：「我們剛剛一路走過來，有一半的人你都認識！」

他朋友不經意的觀察，在一年後得到證實。當時戴韋思參加學校的達人秀比賽，想露幾手他的魔術絕招，比賽冠軍由觀眾選出。比賽結束時，戴韋思聽到如雷般的歡呼支持聲。他環顧五百位觀眾，發現支持他的不是陌生人：全都是他的朋友，而且不是那種只會在 Instagram 上追蹤、在派對上遇到只會打個招呼的朋友，每一個都是他真正的好朋友。戴韋思和這些同學聊過人生、愛，還有各種話題。看向觀眾席，裡面有一半是他的好朋友，他終於明白自己絕對不是無名小卒。

蜻蜓點水與少女畫家

住在路易斯安那州的諾亞喜歡自己拍影片。表面上看來，他在社交場所如魚得水，也很會說故事，在人群中看起來活力四射；但是過了一會兒，他會突然發現自己很想從人群中逃開，一個人獨處。國中的時候，他和最要好的幾個朋友都喜歡打電動，有時候大家一起玩，有時候大家只是待在同一個房間，有人滑 iPad，有人玩 Xbox，還有人講電話聊天。但是升上九年級後，情況變了：有人開始交女朋友，友情也起起伏伏，雖然諾亞和他們還是分別保持良好關係，不過當初的這群朋友已經愈走愈遠。諾亞開始參加課外活動，編寫學校的電子報、加入無伴奏人聲合唱團，也因此交了幾個新朋友，但一直沒有歸屬感。

「我在各種團體中蜻蜓點水，看起來交遊廣闊；但我雖然有不錯的朋友，卻沒有知心朋友。每次在派對上，看到別人互相交心，有些人陷入愛河，有些交到一輩子的知己，看到這些我總有點不自在。我記得自己在派對後回家，一個人孤單地睡著，感覺孤獨中又夾雜著希望；想著或許有一天，情況會好轉，我會找到自己的歸屬。」

我們常以為別人就像他們在社群媒體上表現出來的樣子，性情穩定、活潑風趣；或覺得國高中就該是生命的黃金時光，有最棒的派對，也會體驗到初戀。但其實每個人經歷這些事情的時間點都不同，對很多人來說（我自己就是），可能要到上大學或多年之後，才會體驗到人生的黃金時光，在社交場合中才會覺得舒適自在。就像在學校餐廳，沒人會規定你一定要坐某張桌子，生活中也不該有人規定你非得過某種社交生活。你可以努力找出適合你的社交生活；而適合你的，或許和電影或電視上演的並不相同。

洛莉就不屬於狂歡派對那型。她不喜歡一大群人在一起，所以自己規畫比較小的活動——塗鴉聚會。洛莉最喜歡的社交時光就是畫畫課，班上只有六、七個女生，比起平常擁擠、競爭的學校課堂環境，相較之下令人放鬆不少。剛開始幾個女生大多不認識，不過慢慢地愈來愈熟。有天晚上，洛莉和班上一個好朋友約好一起畫畫，不久其他女生也來參加她們的塗鴉聚會，最後成了每週固定的活動。

她們大概七點碰面，一直畫到快十二點，有時候一起畫學校作業，不過也不完全都在畫畫。洛莉說：「我們會放音樂來聽，吃吃喝喝，也聊得很開心；有時候根本沒畫畫，就是邊吃東西邊討論人生。」慢慢地，洛莉和畫畫班的幾個同學成了最要好的姊妹淘。

保護自己

如果真的很害怕社交活動，就不要參加吧，這種情況很正常的。擴展自我很重要，不過每個人都有極限，也需要保護自己。遺憾的是，有些人養成依賴酒精或大麻等毒品的習慣，用來讓自己在派對上放鬆。住在俄亥俄州的彼得是個性內向的大學生，他就會利用出去抽根菸的機會，從派對人群中抽身喘口氣。如果你不靠喝酒用藥，就無法照想要的方法說話或做事，請和信賴的成年人談一談吧；要讓自己自在，有很多更安全的方法。

更何況，酒精和大麻是種鎮定劑，這表示它們帶來的欣慰感消失得很快，接著湧上的是憂鬱與焦慮。我不喜歡說教，不過說真的，酒精和大麻不僅不健康，效果也只是暫時的，興奮感會逐漸消逝，你還是得面對原本的自己。惟有一步步展現真正的自我，了解什麼樣的環境讓你最舒適，又如何在較不適合你的環境中讓自己放鬆，才是最長久的解決之道。

派對輕鬆玩

你不可能每次都自己辦派對，或每次都找到最適合自己的派對；還是會有人邀你參加人聲鼎沸的派對。不過你還是有辦法舒緩不自在的感覺，盡量享受派對時光，以下是幾個建議：

結伴同行

如果非得參加大型派對，一開始可以和認識的人一起去；可行的話，先約個地方碰面。比起直接約在派對內，如果能和一兩個朋友結伴前往，會更容易適應吵鬧擁擠的派對。

安排逃跑計畫

先為自己設個合理的目標，比如一個小時，然後請父母或照顧你的人到時候記得接聽電話。之後，如果時間到了，你覺得頭昏腦脹、應付不來了，就可以傳簡訊請他們來載你回家。

先試試水溫

剛到派對時，先給自己一點時間習慣熱鬧的聲音與活動。先和朋友待在房間外圈，那裡可能稍微清靜一點。

劃出自己的小世界

一開始先和自己的朋友聊聊，甚至只要專心和一個人聊天就好，不必煩惱你的小世界外其他人在說什麼、做什麼。等適應之後，再把眼光放到外面的世界。

休息充電再出發

如果吵雜的聲音、擁擠的人群讓你難以招架，可以躲到洗手間或安靜的地方，讓自己放鬆、重新充電。只要幾分鐘寧靜的時光，就可以發揮神奇的效果。

再留幾分鐘

偶爾可以試著多留一會兒，譬如比原先計畫離開的時間多留個半小時。或許你能克服一開始的不安，更能好好享受派對，和有趣的人聊起來。

自己的派對自己辦

自己辦派對時，別管平常的規矩；如果你喜歡和三五好友共度，就找幾個人來就好。小型、溫馨的派對也沒什麼不好，很多人反而覺得更好玩！

規畫適合自己的活動

同樣地，如果你不想一天到晚被拖去擠滿人的派對，何不邀請朋友做些你想做的事？像是找幾個朋友買披薩來家裡吃，或一起騎腳踏車、在家裡附近轉轉？朋友們應該也會覺得很新鮮喔。

向毒品說不

你不必仰賴酒精或藥物獲得不自然的放鬆。相信自己，遠離危險的人或環境，好好照顧自己的身體。

保持好奇，發揮同理心

每個人幾乎都有特殊的遭遇、有趣的觀點可以分享。和剛認識的人聊天時，如果覺得氣氛尷尬，可以給自己一個挑戰：找出對方身上最有趣的特質。同時也要記住，再精明圓滑、氣勢逼人的人，內心也可能有自己的傷痛，人皆如此。即使你永遠不知道每個人心底傷痕各自的原因為何，知道人人都可能有傷心的故事，也有助於你用坦誠、有同理心的態度，對待遇到的每個人。

第七章 #社群網路

想像一下這些場景：你穿著舒適的運動衣，旁邊放著好吃的零食，舒服地窩在沙發上讀一本精彩刺激的小說，或準備在網路上一口氣看好幾集最愛的影集，現在正在載入下一季；或者你正在滑手機，看 Tumblr 社交網站上爆笑的圖片，或正準備打《太空戰士》的下一關。星期六的晚上，你只想舒舒服服地待在家，做自己喜歡的事，直到手機響起一聲……**叮！**你有訊息通知。你在 Instagram 上追蹤的人剛發了一張照片，照片裡那群人你都認識，他們在參加一場看起來很好玩的活動，笑得很開心。

你的心揪了一下。他們在做什麼？是不是玩得很開心？星期一上學大家又會討論吧？我怎麼沒和大家一起去呢？上一秒你還很開心很滿足，現在卻開始擔心。大家都出門玩，我自己一個人在家好嗎？

這種感覺正是典型的「為什麼沒有我」，一種害怕自己被遺漏在外的感覺。像我們這樣個性內向的人，自然比較喜歡安靜、溫馨的活動；我們知道自己的小世界有多麼精彩特別。但是在 Facebook 上看到學校朋友參加熱鬧的派對時，又會覺得自己「應該」參加那些社交活動。

社群網站會讓我們更強烈地感受到自己被遺漏在外。儘管你**寧願**在家度過寧靜的夜晚，但在網路上看到別人週六晚上都有活動時，可能會因此對自己的生活方式猶疑起來。舉例來說，蘿拉雖然個性內向，最好的朋友卻是學校的風雲人物；雖然她和他們感情很好，但常感覺朋友希望她更外向一點，不論本人或在網路上都是。手機常常搞得她很煩：簡訊、Snapchat 的分享照片，還有 Twitter 裡的訊息，無一不提醒她別人在做什麼，讓她覺得不趕快加入不行。

「如果不和大家在一起，我會覺得自己被遺漏在外。像我朋友會在 Instagram 上和男生傳私訊，我有點忌妒，可是還是比較想和本人見面；我喜歡實際和對方一起做些好玩、有趣的事。這樣好像很老古板，所以我有點糾結。我認識的人很少會這樣，我也想在和大家一樣在網路上交朋友；而且老是看到別人在做好玩的事，讓我有點不開心。」

升上高年級後，蘿拉不再經常覺得被遺漏在外了。她認為，如果選擇做自己喜歡的事，即使因此錯過別的事，也不需要後悔。而且，如果她和朋友各自選擇不同的活動，也能用社群媒體來保持聯繫。她可以和朋友傳簡訊，或在 Snapchat 上傳訊息，這樣即使沒有和大家在一起，也覺得自己是一份子，比較不覺得被排除在外。如此一來，蘿拉可以維持自己沉靜的生活方式，同時也能與朋友交流。

即使那種「為什麼沒有我」的感覺又出現，蘿拉也有辦法擺脫這種感覺。「有時候我在做自己想做的事，像待在房間聽音樂，或練習滑板，就會把手機調成『勿擾模式』，這樣就不會收到任何電話或通知，不會覺得自己該去做別的事。」

讀寄宿學校的寇比個性內向，社群媒體則帶他走出一個人的小世界。「我會在 Facebook 上和大家聊天，通常都是在群組討論一下要做什麼。我會先大概看一下討論內容，和認識的人打招呼聊幾句，約一天出來。」透過 Facebook 上的邀請，寇比參加了許多原本不曾聽說的活動；在活動中認識的人，有些後來也成為了好朋友。從 Facebook 上可以看到誰會出席，所以會知道有沒有朋友也要去，這點他也覺得很不錯。社群媒體就這樣打開了寇比的社交大門。

有共鳴的空間

諾亞也發現，用 Instagram、Snapchat 等社群媒體，不只可以和朋友保持聯絡，還可以發文分享他有興趣的事，特別是電影。「我已經不想看人家在上面發文賣弄自己有多帥多酷了，比較想看和我興趣有關的事。」然後他又打趣：「當然還有可愛動物的照片啦！」

諾亞說得有道理。我們這些個性內向的人，通常不喜歡加入團體。要探索自己的興趣，或許在網路上比較容易，而 app 和網路都很適合用來與世界保持聯繫。例如，蘿拉就會把自己的拼貼作品放到 Tumblr 網站上，也收到許多熱烈的回應；有些來自很有抱負的年輕藝術家，也愛在網路上發表作品。蘿拉就這樣開始和這些遍布美國各地的朋友互相交流，就像筆友一樣在網路上交換靈感。

也許你有某個興趣，在鄰居同學間找不到同好，可是又希望找到能了解、指點你的人；又或者你的種族、文化和學校同學都不一樣，希望能找到有著相同經驗的人。許多學生告訴我，在日常生活中覺得孤單時，發現網路上有與自己興趣相投的社團，會覺得很寬慰。這讓他們有勇氣公開討論重視的事，例如反抗種族主義或霸凌。

網路和教室不同，那兒很適合內向的人，不需要和別人爭奪發言的機會，就能表達自己的意見。在社群網站上，也有機會獲得別人的肯定。許多年輕人告訴我，覺得無助不安，或得不到身邊的人重視時，如果 Facebook 或 Instagram 上有人對他們的貼文按讚，他們就會覺得比較有自信。當然，你不能只靠 Facebook 上的按讚數或 Twitter 的轉推數建立自信；但就像諾亞說的，表達自我的感覺很棒，尤其如果你本人很害羞，不敢這麼做，能在網路上表達自我就更重要了。

虛實交錯的網路友誼

文靜的人在網路上會比較活潑嗎？我們會在社群媒體上努力表現得比較外向嗎？多年來，心理學家一直想知道人在網路上的表現和現實生活中是否相同。在一項研究中，科學家分析一群大學生的 Facebook 個人檔案和個人頁面，發現外向者在牆上的貼文、照片、朋友人數都比較多，也有更多社交互動和團體互動。而內向者通常都以「潛水」為主，也就是說，內外向者在網路上的行為和實際生活中相同。

許多內向的人告訴我，他們不常發文，但常常在網路上找朋友聊天，運用虛擬網路來維繫、加強現實世界的友誼。二〇一二年，加州大學爾灣分校的科學家研究一群青少年用網路溝通的方式，也發現了類似的現象。科學家訪談一百二十六位高中生，研究他們在社群網路上的互動方式，發現多數人在網路上和現實生活中的朋友是同一群人。

諾亞可能是例外；他的網友遍布全球各地，但他從來沒有見過他們本人。「我會玩《無盡的任務》、《魔獸世界》之類的線上角色扮演遊戲，遊戲裡有上千人同時一起玩，每個人都有自己的虛擬角色。我在遊戲裡遇到一些很有意思、很特別的人。我很欣賞遊戲的故事與創意，我們會因為這樣聊起來。」對諾亞來說，網友通常不像班上的朋友讓他那麼緊張；和班上的朋友在一起，諾亞覺得自己好像得隨時表現得很酷或很風趣。

交網友有優點也有缺點。研究顯示交網友有好處，可以帶來正面的力量，但也可能形成一種障礙，影響你結交現實世界的朋友。一個十四歲的男生告訴我，他和網路上一群人組隊打線上對戰遊戲，隊員來自美國各地；雖然他說這些人都是他的好朋友，不過他們從來不會談論自己的背景，或在現實世界的經歷，也沒想過要碰面。有些人他甚至連真名都不曉得。

要記得，大多數人在網路上呈現的生活都經過美化。想想看 Instagram 上都貼了哪些照片：度假、美食、在派對裡開懷大笑，身邊朋友環繞……可是沒有人會貼星期天早上穿著睡衣吃穀片這種沒那麼光鮮動人的照片，也沒有人會貼自己孤單一人或緊張不安的照片。如果只憑社群網站來認識人，你可能不會發現他們和你一樣也有脆弱的一面，即使是外向的人也不例外。

兒童心理學家埃梅．約米許（Aimee Yermish）會建議她的患者徹底檢視自己的人際關係。從玩遊戲或網路上交到的朋友，友誼會有其侷限性，因為在網路上**交朋友**只能做到**一部分**；而一份真誠、成熟的關係，應該有面對面的社交互動，在兩個人相對而坐、邊吃零食邊聊天中建立起來。約米許告訴患者，交網友的方法應該和現實世界相同，也就是要慎選對象，對方必須能和你逐漸培養出真摯的友誼。不要把網路社群（從 Facebook 到線上遊戲等等）想成一個獨立自主的世界，應該想成一種強化現實世界交流的工具。

平心而論，因為網路對所有人開放，因此也潛藏了許多不懷好意的人或歹徒，網路霸凌也所在多有。要留意什麼話在網路上不能說，也不要太快相信陌生人。我不想說教，因為這些你的父母和老師應該都已經說過了。不過，請一定要知道哪些事在網路上可以說，哪些不能說。也要記得，你放在網路上的照片或影片，都可能有人未經你同意而分享。不要送出你不想讓陌生人（或同學）看到的照片。不管你在網路上的個性多麼放得開，玩得開心也要記得保護自己！

真實世界

我們很容易忍不住比較自己和別人在 Instagram 上的朋友人數；如果我現在是個國高中生，肯定也會為此煩惱。即使沒有 Instagram、Snapchat 等等的社群軟體，人還是會在意自己的朋友多寡。在一項網路相關研究中，科學家訪談大學生，發現朋友數多的人，對自己的生活也比較滿意。因為他們在 Facebook 等地方有許多網友，所以認為自己有更多的人際支持。

不過，住新罕布夏州的羅比有不同的看法。他認為，網路上的朋友和追蹤人數，不過是另一場網路版的人氣大比拼，和學校裡的拼人氣沒什麼不同。他注重更深厚的面對面交流，所以那些數字對他一點意義也沒有。真正的朋友不只能分享成功、講講有趣的笑話，還應該能分享失敗、不如意的事情。

我們認識很多文靜的孩子，他們對朋友人數的看法和羅比相同；不過他們也很重視 app 或網路上和朋友的交流。仔細想想，有這些平台讓平常怯於開口的人能表達自己的看法，是件很不可思議的事。國中的時候，羅比常常覺得自己太過拘束，或太害怕別人的批評，所以聊天的時候不敢說笑話。「年紀小的時候，如果有朋友說了什麼好笑的話，我也會想出一些好笑的回答，但是開口前我會想：這樣講好嗎？聽起來會不會很怪？然後就來不及說了。」如果羅比有時間可以好好構思笑話，他可以表現得非常幽默風趣；他在傳訊息或 Facebook 聊天的時候，回應都會特別想過，機智又生動。一方面，他很高興在網路上可以表現得更外向、更有自信，他回憶道：「如果只是手機螢幕上的一串字，那真是太容易了。」他可以讓朋友知道自己心裡在想什麼，展現自己平常拙於表現的另一面。

不過羅比真正希望的，還是可以在實際生活中，在朋友面前，讓笑話自然脫口而出，因此，他決定逐漸減少花在社群媒體上的時間。他說：「以前我常用 Facebook 或 Instagram 的訊息來聊天，可是如果你讓自己依賴這些東西，可能以後就只知道怎麼用網路聊天了。我希望別人可以看到真實的我，我也希望看到別人真實的一面。」

羅比決心成為充滿自信、聰敏機智的人，就像他在網路上輕鬆表現出來的那樣。他加入樂團，在大家面前表演，大大增強了自信心；而在超市打工的經驗，對他來說也很重要。升上高三前的暑假，羅比在當地的超市當收銀員，整天都得和結帳的客人講話，這對他的自信心幫助很大。「我會和客人聊幾句，一天要講個上百次；以前我對這件事超級不自在，但現在已經不會了。」對他來說，這件事證明了反覆練習的重要。「只靠意志力不可能變得有自信，練習很重要。」

不過，因為羅比的個性就是典型的內向性格，和客人整天互動下來，他也累壞了。這時他會回到自己的房間，聽些音樂好好放鬆，當然，也少不了上上 Facebook 囉！

善用社群媒體

每個人使用社群媒體的方法都不同。有人喜歡網路，有人則討厭網路；如果不喜歡，也不需要積極參與。對許多個性害羞內向的人來說，網路讓他們可以和人交流，又沒有面對面的壓力；但對某些人而言，在現實世界中和人相處，感覺比較真實。只要記住，你在現實世界中的自我，絕不比你在網路中的模樣遜色。以下幾個建議，幫助你探索奇妙又充滿吸引力的社群媒體：

保護隱私

將社群媒體中的個人檔案設為隱私，只有你和你的朋友看得到。這樣不但比較安全，也可以把交友範圍限定在比較自在的規模。

如果你在現實生活中的交友圈比較小，可能也會希望自己的Facebook或Instagram交友圈小一點。

重視真正的朋友

如果運氣不錯，你或許可以在網路上交到真正的朋友，但要記得維持現實生活中的友誼，平衡一下。比起用來交新朋友，社群媒體通常更適合用來增進現在朋友的感情。

表達自己

用社群媒體的好處，就是能輕鬆和別人分享自己的觀點、想法、作品、照片、影片。許多個性內向的人覺得，他們的想法在網路上比較容易有人「聆聽」。

尋找自己

網路世界浩瀚無垠，充滿了各種資訊與社群團體，你想像得到的主題都有，很適合從中發掘自己的興趣、進一步學習，並與同好互相交流。

偶爾拋開手機

蘿拉發現，偶爾把手機轉成「勿擾模式」，有助她發揮創意，心境也更平和自在。一小時不用手機其實不難，而且還有益身心。研究發現，睡前不用手機，可以睡得更香更沉，第二天的注意力也更集中。

第八章　內外拍檔

一九七五年三月五日，加州門洛公園市下著小雨，又濕又冷，三十個工程師聚在車庫裡。這是他們社團的第一次聚會，社團名叫「自製電腦俱樂部」，宗旨是做出一般人都能使用的電腦（這可是個大工程，當時大多數的電腦速度慢，而且大小如同休旅車，只有大學或大公司買得起）。

夜裡寒風濕冷，但車庫的門依舊開著，方便其他人隨時走進來看看。這時一個年輕人走進來，腳步有點躊躇。他二十四歲，長髮及肩、蓄棕鬍、戴眼鏡，在惠普（Hewlett-Packard）公司擔任電腦設計師。他很高興可以和志同道合的人相聚，但因為個性害羞，在車庫裡完全沒和別人搭話，只是拉了把椅子坐下，靜靜地聽著別人不停誇讚最新的自製電腦「Altair 8800」；這部電腦最近登上《熱門電器》（*Popular Electronics*）雜誌的封面。「Altair 8800」還算不上真正的個人電腦，用起來很不方便，也只有會在下雨的週三晚上聚在車庫討論晶片的人，才會注意到這台電腦。不過這台電腦確實是項重要的創舉。

剛剛提到的年輕人叫史蒂芬・沃茲尼克（Stephen Wozniak，朋友都叫他沃茲）；他屏氣凝神地聽著。從三歲起，他就對電子產品非常著迷。十一歲時，他偶然在雜誌上看到一篇文章，談世界上第一台電腦 ENIAC（Electronic Numerical Integrator and Computer）；從那時起，他就夢想打造一台體積小巧、容易使用的家用電腦。

那天晚上沃茲一回到家，便動手畫出他的第一幅個人電腦草圖，設計包括了鍵盤和螢幕，就像我們今天用的電腦一樣。他慢慢覺得，自己的夢想或許有一天真能實現。三個月後，他打造出原型機；十個月後，他和史提夫・賈伯斯（Steve Jobs）創立了蘋果電腦公司。

你一定知道蘋果這家公司，他們推出了 iPhone、iPad、MacBook 等產品。已經過世的賈伯斯在美國矽谷素以直率敢言著稱，後來成了蘋果公司的代言人。賈伯斯除了有寫程式的天分，也有精準的商業直覺，演說更是充滿魅力，因此為人津津樂道。不過，蘋果是賈伯斯和沃茲一起設立的；沃茲靜靜在幕後做設計，他是第一個實際設計出蘋果電腦的人。這兩個人一個內向，一個外向，性格截然不同，但兩人同心協力，打造出蘋果公司的招牌。

讀沃茲描述他製作第一台個人電腦的過程，最令人吃驚的，便是他向來獨自工作——大部分的工作都是他自己一個人在惠普的小辦公隔間中完成。他每天清晨六點半到公司，在空無一人的辦公室閱讀工程雜誌，研究晶片手冊，在腦中構思設計。下班後他先回家做點東西吃，然後再開車回公司工作到深夜。對沃茲來說，寧靜的夜晚與孤獨的清晨，是不可多得、充滿活力的時光。一九七五年六月二十九日，一切的努力有了成果。約莫晚上十點，沃茲終於做出了原型機。他在鍵盤上按了幾下，字母就出現在眼前的螢幕上。這一刻他達成突破性的創舉，這種成就對多數人來說遙不可及，但在這重要的時刻，他是獨自一個人。

大多人在這種時候會想要和朋友慶祝，不過沃茲卻寧可自己一個人。他的發明改變了科技，而外向的賈伯斯則為沃茲了不起的發明設立一家公司，兩個人同心協力，將沃茲的電腦推出面世。大家都知道，沒有賈伯斯，就沒有蘋果公司；但沒有沃茲尼克，蘋果公司也不會存在。

內外合作力量大

我先生能言善道、個性外向，而我個性內向，我們卻能以融洽、出乎預料的方式彼此互補。和個性南轅北轍的人合作，力量可能出乎意外地強大；就像戴韋思八年級選學生會長時，就把選舉要務交託給一直鼓勵他的表妹潔西卡。

詹姆斯和布萊恩的故事也是一個好例子。這兩個人就讀曼哈頓的私立學校，一起參選學生會長，並順利當選共同會長。故事是這樣的：

小時候，詹姆斯常常獨自玩耍，而且玩得很開心。他不是反社會人格，朋友也很多，只是喜歡安靜地獨處，一個人玩神奇寶貝卡和別的玩具。小學時，詹姆斯在美式足球隊上是先發中後衛，也在場上負責指揮防禦，但這個角色不太適合他，因為要向隊友大吼指令讓他很不自在。隊上教練鼓勵詹姆斯多表達，雖然他努力嘗試，還是覺得自己不夠勇於發言。

詹姆斯從三歲起就一直上同一所學校。他成績很好，但就像在運動場上一樣，他的成績單上也常出現「應更常表達意見」的評語。不過，在國中畢業典禮上發生了一件事，讓詹姆斯找到屬於自己的方法，推動自己向前邁進。當時，學生的家人朋友聚在大帳篷底下參加典禮，老師表揚不同科目得獎的學生。

詹姆斯知道自己那年法文成績很好，所以聽到自己是法文科表現最佳的學生時，並不意外。但是過了幾分鐘，老師又叫到他的名字。這次他得到歷史科的最佳學生獎。一人得**兩項獎**？「我那時超驚訝。」詹姆斯說。他的同學也很驚訝。雖然大家認識十年了，但很少人知道詹姆斯功課這麼好。同學一個個過來道賀，紛紛表示不知道他成績這麼棒。

這些肯定讓詹姆斯信心大增，讓他有了更遠大的志向——他想為社會服務貢獻更多心力，改善高中生活的情況便是其中一步。而要達到目標，最好的辦法似乎就是參選學生會主席。當然，這個主意聽起來很嚇人，畢竟他連小學時指揮自己校隊的防禦都很不自在了，現在還要領導一整個年級聰明果敢、活力充沛的同學？這根本是另一個層次的挑戰。而且還有另一個難題：他的學校規定，選學生會主席必須兩個人一起參選；如果他想帶領大家，就得先找到一起參選的搭檔。

後來，他找了布萊恩當搭檔。布萊恩從幼稚園開始就和詹姆斯上同一所學校，但兩個人最近才變成朋友。他們參加同一個夏令營，一起在湖畔大聊運動、女生，還有人生。九月開學後，兩個人會一起吃午餐，放學後也會在網路上聊天。布萊恩一直覺得詹姆斯是那種人氣學生，因為詹姆斯擅長運動，所以和學校那群人氣學生有交集。布萊恩覺得自己比較宅，他不會踢著球到處跑，比較傾向待在房間裡翻《國家地理雜誌》。

你可能會覺得宅男布萊恩比詹姆斯個性害羞，但其實不是。布萊恩和大家相處時充滿活力，上課時會搶著舉手發言，在小組裡也積極爭取領導角色，幾乎在各方面都和詹姆斯形成對比。沒過多久，布萊恩長高了，比詹姆斯高出二十公分。布萊恩喜歡聊天，雖然畢業時領成績優秀獎的是詹姆斯，但同學卻推舉布萊恩在典禮上演說。布萊恩追求鎂光燈，詹姆斯則喜歡在幕後靜靜做事。不知從什麼時候開始，兩個人每次都會談到選學生會主席的事，討論愈多，愈覺得兩個人是競選的最佳拍檔。

不過，詹姆斯一想到競選過程就害怕。他已經想好了競選訴求，就是向學校爭取增加社會服務。但想到要請別人投票給他，詹姆斯就很緊張，擔心要別人支持他顯得太驕傲自負或太虛偽；或者別人會認為，他只是為了讓履歷更漂亮或申請上好大學才來競選。不過，詹姆斯持續努力，也慢慢發現他的不安顯然純屬多慮。他一次向一位同學說明選舉訴求，有時候則和一小群人討論，而每個人都會專心聽他說。雖然他沒有刻意要給人好印象，但卻建立起誠實正直、熱情誠懇的名聲。同學都信賴他，也認為**如果他開口**，要說的事多半很有意思。更何況，他競選不是只想引人注意——他甚至希望別人少注意他一點才好呢！他出來競選，是因為他確實已經準備好肩負起學生會的職責。

詹姆斯練習演講的次數多到數不清，因為他知道自己和外向的布萊恩不同，沒辦法站出來就輕鬆開始即席發揮。走向演講舞台時，他很害怕；但演講開始後，他變得比較有自信了。「聽眾開始有良好的回應，那時我就想，成功了！」

詹姆斯和布萊恩搭檔勝選，兩人都非常高興。

不過一開始，布萊恩覺得很難了解文靜的詹姆斯。他們兩個會和其他同學一起召開小組會議，大家提出想法，討論不同的計畫。會議前，詹姆斯和布萊恩會先討論議程，只有兩個人的時候，詹姆斯的想法源源不絕，但當大家聚在桌邊，詹姆斯的態度似乎就不同了。布萊恩會移到桌子主位，推動討論，積極引導辯論的方向，但詹姆斯幾乎什麼也不說。其他學生逐漸在想詹姆斯是否真有貢獻，到底說過話沒有，連布萊恩自己都質疑起詹姆斯。「我有點不高興，幾次都要他多貢獻一點；不過後來我明白，重點和做多少事、說多少話沒有關係，而是所做、所說的東西背後的意義。」

一段時間後布萊恩發現，詹姆斯和其他同學在另一個層面上互動：他會和同學一對一討論，包括不屬於他們年級或朋友圈的同學。這些同學常有出乎意料的想法，詹姆斯會在和布萊恩兩個人的會議中提出來討論。有一次，布萊恩想推動學校一天不上課，專門用來進行社會服務，不過在小組會議上，同學有支持也有反對意見。同一時間，詹姆斯也和另一位同學談過一天不上課的想法。那位同學認為，對酷好競爭的學生來說，這個想法很不錯，這一天可以完全放鬆、不用想著在考試或其他作業上贏過同學。詹姆斯對這個看法很有共鳴，所以和布萊恩說，他們這個年級的學生可以運用不上課的一天互相交流。布萊恩在小組會議上提出這個意見，這次大家都贊成。布萊恩終於明白，詹姆斯扮演的角色和他不同：詹姆斯絕對不會在小組會議上強力表達自己的主張，不過，無論在小組會議或在學校走廊和同學討論，他都懂得聆聽。

布萊恩對沉靜的詹姆斯又有更深一層的了解。他回憶道：「一開始，我很自然地第一個跳出來發言領導；但後來我期望詹姆斯也能和我一樣，扮演好他的角色，勇於發言、活潑外向。我花了好一段時間，才了解這不是他的個性。這樣做他不自在，而這也不是他的強項。這不是他的領導風格。」

合作久了，他們更是發現，兩人截然不同的個性**不僅不是**成功的阻力，**反而正是**成功的助力。布萊恩說：「如果他個性和我一樣，我們的成就一定會遜色很多。我希望他不要改變；他沉穩、文靜的個性，在我們的友誼和工作方面都讓我受惠很多。」

個性沒有對錯，文靜的人無論年紀都常受輕視，所以我特別傳揚文靜的力量；但我也強調無論內向外向，兩者都有優點。宣揚內外向合作，不該只是因為這樣做事更有影響力、更有成效，而是因為我們也能交到很棒的朋友。從小到大我不乏外向的朋友，結交不一樣的朋友可以學到很多，讓你更成熟、更能自我成長，並帶你走出舒適圈。外向的布萊恩和詹姆斯交朋友，就發現了這一點：「有他這樣的人當朋友很棒。我可以好好放鬆。我們可以花好幾個小時就只是打打桌球或聊聊天。」

陰與陽

詹姆斯和布萊恩兩人就像一個屬陰，一個屬陽——陰陽相濟、內向與外向搭檔，無論合作關係或友情都能無比堅定有力。儘管個性相似的朋友很特別、也讓人自在，但和個性完全相反的人在一起也一樣有意思，甚至更開心。從他們身上可以學到好多呢！

葛蕾絲也是這樣想。「我最要好的兩個朋友都是超吵鬧的外向者，午餐的時候她們會跑到不同餐桌，和不同人坐在一起。」一開始葛蕾絲缺乏信心，沒辦法自己走向不同餐桌；她擔心其他同學會怎麼看她，特別是她個性又這麼文靜。不過受到朋友影響，葛蕾絲逐漸能自在地拓展社交圈。「她們帶著我認識很多人，總是活力四射，一天到晚都在說：我們去游泳吧！我們去圖書館吧！我們去逛街吧！我們去做這個那個吧！」

不過她們的友誼也不是單方面的。外向的女孩子會去找葛蕾絲和她做朋友，因為葛蕾絲與眾不同，讓人耳目一新。這些講話大聲的女孩看到文靜的好處，也逐漸地改變；這些女孩的父母忙不迭地向葛蕾絲的父母大肆誇讚一番，說葛蕾絲怎樣讓這些女孩變得更穩重了。他們還打趣道，要不是有葛蕾絲，這些女孩搞不好會因為過剩的社交精力團團轉，脫離地球飛入太空了呢。譬如七年級的時候，有天晚上好幾個女孩子要出門玩，葛蕾絲卻和她們說自己想待在家。她知道自己需要一個平靜的夜晚。沒想到，有一個平時吵鬧的外向女孩也決定向葛蕾絲看齊。她平常從不會錯過出門的機會，所以她媽媽聽了大吃一驚。這女孩和其他人說不和她們一起去了，還說：「我要去找葛蕾絲。」

小兒科醫生瑪麗安．科蘇納基（Marianne Kuzujanakis）說，小孩受個性截然不同的人吸引，是因為在對方身上看到自己沒有、而讓他們崇敬的優點。她認識一位內向的九歲男孩，他和一位外向的女孩是好朋友。男孩很欣賞女孩活潑外向、精力充沛的個性，也很佩服她可以不假思索地走上前和別人攀談。不過女孩也從男孩子身上學到很多，「她從他身上看到文靜沒什麼不好，也欣賞他的沉著鎮定」。這兩個孩子一起上太極課，在課堂上，他們性格的不同優勢也很明顯。「她很佩服男孩擅長冥想，做起來是那麼地輕鬆而不費力；男孩則很佩服她可以自然而然地和每個人互動。」

幾年前，心理學家艾芙莉．索亨（Avril Thorne）設計了一個試驗，探討內外向者之間的互動，並著重研究這兩種個性的人怎麼透過電話交流。試驗找了五十二位年輕女性，內外向各半，讓她們倆倆聊天。很多人認為內向者無時無刻都很安靜，但試驗顯示，內向者講的話和外向的人一樣多。（我每一個高中朋友都可以證明這件事，因為我們常講好幾個小時的電話。那個年紀的孩子都是這樣——而且是每天晚上都講好幾個小時。）試驗中，內向者和另一位內向者聊天時，通常會集中討論一兩個比較嚴肅深刻的話題。而外向者和外向者聊天時，通常會輕鬆地聊各種話題，不會深入討論特定話題。最有意思的，是內向者和外向者聊天——雙方都覺得這種聊天最有趣，大家都喜歡和個性不同的人交談。內向的人發現，和個性活潑的人聊天比較輕鬆好玩；外向的人發現，和內向者聊天比較正經、有深度。實際上，兩方最後會達成平衡：對話中不僅有輕鬆的閒聊，也有嚴肅深刻的討論。

和外向朋友來往

內外向的人除了彼此學習，也可以互相平衡。認識個性不同、比較外向的朋友時，可以運用以下的小技巧：

肯定自己的價值

不要怕和比自己外向的人交朋友，他們會看重你的縝密周到、沉著冷靜，你們從對方身上都可以學到一樣多。

多看多學

我不是要你把外向的朋友當成貼身導師來模仿，不過的確可以向他們學習，設法擴展你的舒適圈。而他們同樣也可以向你學習！

了解自我極限

你可以結交新朋友、參加派對聚會、嘗試走進適合外向者的活動領域，拓展自己的極限，不過也要了解自己的內在需求。有需要就休息一下。如果想待在家，就別跟大家出去玩了！

找個好師父來模仿

別忘了陰陽相濟的力量。你在 Twitter 上的追蹤對象，是不是有人每次的回覆都很機智有趣？還是有哪個親戚似乎精力總是用都用不完，可以分你一點？取材他們的技巧，想想在某個情況下他們會怎麼做，或者會給你什麼建議。

第三部　安靜的興趣嗜好

第九章　創作

很多個性內向的人說，有別人在身邊時，他們很難展現自我。所以這一章要來談談，除了聊天以外，還有哪些方法可以表達感受與想法。

你可能已經注意到，自己的興趣一年年成長得愈來愈濃烈，也知道創意有著各種形式。要展現創意，繪畫、作曲、寫程式、設計新的應用程式、構思創業計畫等等，還有其他各式各樣的媒介，都能讓你盡情發揮。

還記得第一章提過的凱芮娜嗎？她說話很小聲，是個小書蟲，不喜歡團體作業。她也是個非常有創意的人，且如果對什麼事情很感興趣，就會全心追求。最近她注意到，他們教堂有個教友會彈吉他，所以對吉他燃起了興趣，後來也因此學起烏克麗麗。現在，她如果不是在練習彈電視節目的主題曲，就是在寫曲子、搭配自己創作的歌詞。

不過，凱芮娜對寫作還是最充滿熱情；她一天到晚都在幫小說和短篇故事構思新的情節，簡直和上癮沒兩樣。她最喜歡科幻小說和奇幻故事——愛讀，也愛寫。她一次可以專心寫上好幾個小時，用筆電敲打出新故事的架構，或在她的祕密筆記本裡描繪故事角色的個性。等故事修飾得差不多了，就發表在年輕人作家的網站。她說：「我發表是為了讓別人給我建議，不是要推銷或追求關注。你可以讀讀看喜不喜歡，並給一些建設性的意見。」

凱芮娜的學校沒有資金開辦藝術或創意寫作班，不過有位教語言的老師決定為校內眾多充滿創意的孩子做點事，於是規劃了每月一次的「藝文咖啡館」活動，請學生帶來自己正在寫的詩歌、曲子、饒舌作品等等，拿著麥克風現場朗誦或表演，和同學分享。活動由參加的人籌畫，所以來的人都是真心想參加，大家會互相鼓勵，也充滿熱誠。凱芮娜沒想到自己竟然能在眾人面前發表作品，而且大家都很**喜歡**。剛開始朗讀時，她的目光緊緊黏在紙上，不敢抬頭看人；但她眼神偶然一瞟，發現自己念到恐怖的段落時，朋友睜大眼迫不及待想聽下去；當念出角色機智、諷刺的台詞時，朋友則哈哈大笑。他們的反應比凱芮娜預期的還熱烈，他們都知道凱芮娜想說什麼！

凱芮娜的老師很是肯定她的寫作技巧，鼓勵她申請紐約市的寫作計畫「動筆吧！女孩」（Girls Write Now）。參加計畫的年輕女孩會由女作家一對一指導創意寫作，所有人每個月聚會一次，上寫詩或新聞寫作等研習班。凱芮娜順利獲選進入計畫，她很喜歡在研習班上分享自己的作品，也喜歡聽其他女孩講自己的作品。一開始，要和陌生人分享作品讓凱芮娜很緊張，不過這也是個寶貴的機會，讓她朝作家之路邁進。除了前輩女作家，同輩作家也會當面給凱芮娜意見，讓她喜出望外。聽到各種年齡的作家給她意見與想法，讓她安心不少。

要和大家分享你的作品，就像站上舞台表演一樣，需要很大的勇氣。個性內向的人或許不喜歡宣揚自己的想法或才藝，可是一旦和人分享，就會很精彩。

以喬（Jo）的故事為例：她年紀輕輕、個性內向，有一天搭火車去蘇格蘭時，看著窗外散布牛群的青青原野，突然靈感一來，開始想像有個小男孩也搭上火車，前往巫師學校，學校裡有各式各樣虛構的角色——朋友、敵人、巫師、神祕的生物。喬花了好幾年的時間寫作，重寫的次數多到數不清；儘管辛苦，但她並未放棄。幾年後，她終於寫出完整的手稿；再兩年後，她的手稿才正式出版成書，書名叫《哈利波特：神祕的魔法石》。而這位內向的作者J. K.羅琳還會繼續以火車上的男孩當主角，寫出後面的六本小說。

寫日記

美國紐約時報暢銷作家約翰．格林（John Green）說：「寫作是自己一個人做的事，是個性內向者的職業；他們想和你說個故事，但不想要眼神接觸。」小時候，我用來表達自己的媒介，是一本老派的日記，附有鎖頭及鑰匙。雖然我偶爾也會在日記裡寫點故事，但最主要還是用來坦露事實、表白真情。世界上沒有人知道這本日記，我從來不曾把日記拿給朋友或家人看。這本日記幫我組織、理解自己童年與青少年時期的焦慮；如果有人讀了我的日記，對我來說那可是天崩地裂的大事。不過這個以書寫自我抒發的習慣，訓練了我下筆誠懇勤實。

寫日記不一定要用精裝筆記本。像梅姬就天天在手機上寫日記。「我喜歡把做過的夢寫下來，這樣我就不會忘記。如果想到什麼點子或有興趣的事，但是告訴別人又怕壞了計畫，我就會寫下來。」

住在加州的高中生賈瑞德會用電腦隨意寫點東西，他說：「我把電腦當工具，當我的頭快爆炸時，它幫助我支撐下去。大部分是寫我的焦慮，對人、事、物非常個人的看法，或自己遇到的困難——這樣我可以抒解一些壓力。」賈瑞德很少重讀自己寫的東西，他透過鍵盤一口氣傾吐所有感受，然後就上床睡覺。他說：「我都是寫完、刷牙，就上床睡覺。腦子裡可能還是有很多想法在翻騰，但不像之前那麼亂糟糟的。書寫讓我能卸下肩頭的負擔。」

心不甘情不願的部落客

不過也不是每個人都喜歡寫作。住紐澤西、個性害羞的馬修就不喜歡——班上老師要每個人寫自己的部落格，他不太開心。比起英文，馬修對科學和數學更有興趣，他覺得部落格只不過是另一種寫作文的作業，就像寫讀書報告一樣。不過馬修後來發現想寫什麼都可以，就把部落格的背景換成經典電玩《薩爾達傳奇》的圖片，換完之後覺得自在多了。他說：「這裡比我想像得更能發揮創意，讓我盡情表現自己。」

馬修在課堂討論的時候通常話不多。他會聽別人說，但總是來不及想好該怎麼回應，或不敢自信地表達自己的看法，所以他很少分享自己的想法、觀點或喜好。部落格給了他表達自我的管道，也給了他足夠的思考時間，讓他可以按照自己的步調寫文章。他發了一篇文章，談自己喜歡韓流音樂，並貼了他最愛樂團的一首歌曲MV，有幾個人留言回應。班上有個女生說她也喜歡這類型的音樂，兩個人就透過訊息聊起天來。馬修後來回憶：「之前我們不太熟，但那次和平常不一樣；我們聊了很多，後來變成還不錯的朋友。」

那一學年結束的時候，馬修寫了篇文章，說自己很喜歡在網路上抒發自我，然後開玩笑說部落格或許是媒體的陰謀，想讓個性內向的人都轉性、變得外向！不過，馬修當然沒變——他的個性還是一樣，一向都搞笑又活潑。只不過，他找到了新的方法，能自在地展現出他個性的這一面。

藝術創作

十二歲的賈登想像力無拘無束，但有時很難將他腦中的世界跟外在的世界做連結，因此他想找出辦法，既能在安全自在的心靈中悠遊，又能與人分享他的想像力。

賈登在繪畫中找到這份平衡。他特別喜歡畫龍一類的幻想生物，通常會在學校先想好要畫什麼（他承認有時候是在數學課上想的），或邊溜滑板邊想，回家以後再畫在紙上。賈登笑著說：「最近我畫了一幅風景，裡面有獨角獸，上面有鷹頭獅身獸，旁邊是一道奇妙的瀑布。我朋友都覺得很棒，他們很多人自己也畫畫，最近我們開始把畫拿給對方看。我很喜歡和他們分享，這樣大家就會知道我心裡都在想些什麼了。」

朱利安展現創意的方式則是攝影。「以前看著 Instagram，覺得自己好像沒辦法和其他同學一樣做些很酷的事。後來我想到，我**不用**一直在那邊翻其他人的相片，盯著螢幕看——我可以自己學怎麼拍好看的照片。」於是，朱利安和他最要好的朋友安德魯，決定努力拍出充滿藝術氣息的美麗照片。「我們只帶手機，一起出門拍照：去公園、海灘，或紐約布魯克林郊區的雷德湖克（Red Hook）運河拍。到處都可以拍到好照片，有趣的主題比比皆是。我們的照片不只記錄當下、記錄人群，更能突顯出美麗的事物，或對比的光線，重點是去欣賞周遭不起眼的事物，並創造出意義。」朱利安從眼前的小事物，創造出充滿藝術氣息的作品，並拍攝出得意之作。比起只是在 Instagram 上按讚，他從自己的照片中更是獲益良多——他了解到，能發揮創意是一種光榮。

許多內向的人對創作藝術貢獻良多，例如推出《玩具總動員》、《怪獸電力公司》、《腦筋急轉彎》等動畫大片的皮克斯電影公司，當家的艾德·凱穆（Ed Catmull）個性就很內向。皮克斯導演彼特·達克特（Pete Docter）也說，在他小時候，畫畫幫助他克服「和其他人來往的恐懼，是一種逃離的方式，讓我創造出自己的小宇宙」。達克特也提到，和皮克斯的同事一起工作，僅管刺激有趣，也讓他心力交瘁；他說製作《怪獸電力公司》時：「最後我只想一個人獨處，想要躲進我家地下室、書桌下或其他地方。」其實，賣座片《天外奇蹟》的靈感，就是來自達克特的白日夢——從身處的環境飄開，飄向一個安全、只有自己的地方。我相信很多內向的人都做過這樣的白日夢。

自主的力量

內向的人自主能力往往很強。獨處帶給我們力量，而且我們能好好運用寶貴的獨處時間，專心在一件事上。

有位體育賽事講評員說過，想專精一項技巧，就非得完成這項「孤獨的工作」不可。心理學家則稱之為「用心練習」（deliberate practice）。簡單來說，就是一遍又一遍重複練習，專注在要學習的技巧上，直到完全掌握為止。

無論怎麼稱呼，聚精會神、專心練習、且通常是獨自練習，是掌握任何一種技巧的不二法門。團體運動也包括在內。

無論在音樂、運動或其他領域，我們內向的人都特別適合獨自練習，譬如籃球明星寇比·布萊恩（Kobe Bryant），就習慣每天練習一千次跳投。而華裔美國鋼琴家陶緯文（Conard Tao）十七歲時就在滿座的紐約卡內基音樂廳上獻藝；他青少年時期的大部分時間都獨自待在家中公寓，爸媽在上班，他則在家自學，磨練琴藝。他每天練鋼琴四小時，拉小提琴兩小時，然後才開始讀其他科目。

還有前一章提過的蘋果電腦發明人沃茲尼克，他說自己從小就開始練習拆解電器，在自己的傳記《科技頑童沃茲尼克》（*iWoz*）中也描述自己對電器非常有興趣。他一步步辛勤磨練技巧，參加過無數次科展：「我學到一項很重要的能力，對我職業生涯幫助良多，那就是耐心。……我學會不要太在意結果，只要專心在當下的這個步驟，盡量做到完美無缺就好。」

沃茲多半獨自工作。他人緣好是出了名的，小學時朋友很多；但就像許多有志科學的學生一樣，升上國中後他的社交地位一落千丈。小時候，大家都很欽佩他深厚的科學知識，但上國中後沒人在意了。沃茲討厭閒聊，他對科學的興趣也跟同學們格格不入。儘管國中生活磕磕絆絆，但還是沒有阻擋沃茲追求夢想，或許反倒幫助培育了他的夢想。沃茲說，要不是他太害羞不敢出門，就不可能學到那麼多和電腦有關的事。

沒有人希望青春期過得那麼苦悶，但像沃茲這樣年少孤獨、一心一意追求自己的興趣、後來更把興趣發展為一生的志趣，在創意豐沛的人身上其實很常見。心理學家齊克森米海依（Mihaly Csikszentmihalyi）在一九九〇到一九九五年間研究了九十一位在藝術、科學、商業、政府機構領域表現傑出的人，探討他們的生活，發現許多人青春期都處在社交地位的邊緣，部分原因可能是他們「強烈的好奇心或專注的興趣，在同輩眼中看起來很奇怪」。太合群、愛交際的人無法自己獨處，因此通常很難發展自己的才能，「因為練音樂或解數學必須獨處，他們又害怕獨處」。

內向的音樂大師

瑪麗亞是住在加州的國中生，她的故事跟從事那項「孤獨的工作」有關。上學讓她覺得筋疲力盡，早上的課上完她就已經累壞了，必須爬到樹上一個人吃午餐。她有些好朋友的個性和她完全相反，總是精力充沛、吵吵鬧鬧，喜歡和一大群人混在一起。他們覺得瑪麗亞自己躲在樹上很奇怪，不過瑪麗亞也管不了那麼多，對她來說，這是學校生活必備的一部分。坐在枝枒上，讓瑪麗亞可以好好放鬆，有精神面對下午的活動。

瑪麗亞因為喜歡獨處，培養出了一些創作習慣。她十歲就寫了一萬字的小說，小提琴也練得很勤。她特別喜歡草根藍調與凱爾特小提琴音樂，這兩種傳統音樂型式的樂手會圍成一圈，一起即興演奏。瑪麗亞想和這種樂團的樂手一起演奏，她母親聽了雖然訝異，但也支持她的興趣。因為瑪麗亞還太小，不能去樂師通常聚集的酒吧，所以她就和媽媽一起去別的地點找。第一次她們開車到公園，星期天下午有一群小提琴樂手在彈奏。

演奏結束後，一個樂手和瑪麗亞的媽媽說：「如果你女兒不會講話，你應該先告訴我們。我們很願意幫忙，但要和她一起演奏、又不知道她有病，實在很困難。」

瑪麗亞的媽媽糾正對方：「她不是不會講話，只是太害羞。」後來她們又去了別的地方，發現離家不遠的藝文餐廳裡，就有小提琴演奏表演。某個週末下午，她們到了餐廳，樂隊已經開始表演；瑪麗亞的媽媽讓女兒去處理，自己坐在旁邊的一張桌子側耳聆聽，有需要時再出面幫忙。

這個樂隊裡的樂手各種年齡和種族都有，不過瑪麗亞比起裡頭最年輕的樂手還要小了至少四十歲。她拉出一張椅子，準備演奏。當班鳩琴樂手轉調時，所有人也要跟著轉調，大家會輪流挑一首同音調的歌來演奏。樂隊的隊長是一位年長的女士，不久她轉頭和瑪麗亞說：「好啦，現在該你了。你知道哪些B大調的曲子呢？」

瑪麗亞說：「沒關係，你可以跳過我。」隊長搖搖頭：「我們沒有跳過這回事。你有沒有想到什麼B大調的歌？」

瑪麗亞回答：「沒有。」瑪麗亞的媽媽很了解自己的女兒，她知道如果瑪麗亞回答這麼簡短，就表示她是說真的，沒有必要再逼她。

可是隊長不認識瑪麗亞，她不會聽到一句「沒有」就放棄。她說：「好吧，我來拉幾首B大調的歌，如果有你聽過的歌，就叫我停下來，然後由你來帶那首歌。」

隊長開始演奏，瑪麗亞聽得很專心，過了幾首歌之後，瑪麗亞開始點頭，說：「這首我聽過。」

隊長說：「很好，現在你來帶吧！」看著瑪麗亞帶領樂手，瑪麗亞的媽媽深深地為女兒感到光榮。即興演奏結束，回到家後，瑪麗亞衝進房間，把所有她知道的曲子按照音調一一列出來，然後下一次演奏就帶著這張歌單去。到最後隊長也知道要這樣問：「你的歌單上有哪些曲子啊，瑪麗亞？」

瑪麗亞不喜歡成為團體焦點，但演奏音樂能發揮創意，讓她非常開心，她也可以透過旋律抒發自我，所以願意鼓起勇氣，克服害羞。在這種場合，她內向的個性看似是種缺陷，但其實正因為她內向的特質，才能這麼輕鬆地融入大家。她全心全意投入練習小提琴，也從每天自己的練習中得到樂趣，因此技巧能成長得更精湛，也磨練出更銳利的耳朵。她並非因為擺脫了自己害羞內向的天性，才因此融入一群成年的樂手——能融入他們，**恰恰是因為**她內向的特質。她的樂迷愈來愈多，她當小提琴手的消息傳遍校園，同學聽了還紛紛去找音樂老師，希望老師能說服瑪麗亞和他們一起組團呢！

個性內向的人如何表達自我

內向的人有種特殊能力，就是能長時間對一件事保持專注，再加上我們對創造力的熱情，因此能達成非凡的成就，引領我們踏上未知而美好的旅程。你或許想將旅程中的收穫上鎖收藏，或者與全世界分享，但無論如何，學習坦誠、自信地表達自我，你的內心將有豐富的收穫。

以下蒐羅了幾點訣竅，幫助你邁開步伐：

找出適合自己的工具

也許你會發現，某個 app 可以用來譜寫旋律；或看了食譜後靈感一來，便烘培出創新美食。又或者你只需要一支削尖的鉛筆，就能寫作或畫畫。試著找出對你最自然、最喜歡的工具來表達自我。

努力才有成果

找到自己的天賦後，灌注你所有的精神與熱情，徹底投入，練習、練習，再練習。

找到能激勵你的楷模

找到同樣個性內向的角色楷模，會讓你覺得自己也能達成目標。有很多像你一樣的人，在創意、魅力、才智上廣受眾人肯定（「寧靜革命」網站上列了許多例子，請上：Quietrev.com）。

保有隱私

有些日記本來別人就不該讀，有些創作也應該只專屬於你。建立一個能安心創作的空間，不用擔心別人怎麼看你，讓你沉浸在只屬於自己的創作世界……

不過還是別忘了分享

給別人機會去看到、聽到你內心的世界。我們害怕分享，往往是因為擔心批評，不過可以先把作品拿給一兩個朋友看，別人的意見會對你有幫助。而且你或許沒想到，他們會這麼支持、欣賞你的作品呢！

第十章　運動訓練

大學生瑪姬從前一直以為，只有想要受歡迎的人才會去運動。就她所知，運動是她這種書蟲能力範圍以外的事。但自從九年級發現了瑜伽後，她就對運動大為改觀。她從 podcast 中聽到瑜伽的介紹，後來早上搭校車上學前，都會先在自己房裡練習拜日式和伸展，讓自己更有元氣。

像我們這樣個性內向的人，有時會過度沉浸在自己腦海中的世界。這時若轉而把注意力投向身體，換個步調，會更平衡、更健康。揮汗運動是擺脫社交壓力與挫折的好方式，也能讓心靈更快樂，因為運動會釋放腦內啡；這是我們大腦面對刺激時製造的一種化合物，可以阻斷疼痛感，也能增進愉快的感覺。而運動也不完全只是大聲歡呼、團隊精神——像是跑步、游泳、跨欄等單人運動，都很適合內向的人釋放經歷，淺嚐腦內啡帶來的快樂。

內向的布蘭妮告訴我們，她擁抱跳舞的原因。她其實一直都很喜歡跳舞，但是傳統那種人擠人的學校舞會，對她來說實在太尷尬了。十四歲的時候，哥哥介紹她認識搖擺舞，這種雙人舞充滿一九四〇年代風情，最近又流行起來。布蘭妮大為著迷。她還找了一位年紀比較大的朋友，每週五晚上開車載她到舞廳，參加搖擺舞時間。其他舞者年紀最輕是十二歲，最年長的有九十歲，儘管布蘭妮個性害羞，但要和任何一個人搭檔都沒問題。她回想時表示：「那裡的氣氛很友善，而跳舞也讓大家有共通點，不用擔心自己**該講什麼**；不想說話就別說，只要跳舞就好，大家嘻嘻哈哈的，玩得很開心。」後來，布蘭妮和朋友也會跟一起跳舞的幾個人出去吃東西，大家一起在舞池中無憂無慮地揮汗跳舞，彼此都很熟悉了；布蘭妮和一群人圍坐一桌，絲毫不覺得緊張。在耍嘴皮、擺酷之外，布蘭妮找到了另一種與人交流的方式——跳舞。

強大的視覺化訓練

傑夫從小就喜歡獨自運動，他自己練習盤足球、自己學接棒球的高飛球。當然，運動時腦內啡帶來的快樂很棒；不過傑夫最喜歡的，還是自己和自己獨處的時光。他在紐約州奧巴尼市外的小鎮長大，喜歡各種運動，尤其擅長足球；但直到接觸了袋棍球（**譯注：用頂端有網袋的長棍來傳接球、射門的運動**），才引燃他內心的熱情。他和袋棍球的緣分是命中注定。

不過，他十三歲才學這門運動，因此得先趕上進度。有些同伴已經能嫻熟地用左右手持棍接傳球，他得跟上大家，也許還得比大家更厲害才行。

於是傑夫天天練習，他跑到以前讀的小學，在一面水泥牆前自己練習擊球，每天擊個上百、上千次。他的技巧和信心增長了，內心感覺到自己比遇過的任何對手都要努力，而這份努力也給了他優勢。到了高二，他創下單一賽季得分最多的全校紀錄；到了高三，他拿下全美高中明星球員的頭銜，這是高中球員的最高榮譽。

隔年，傑夫進入美國西點軍校，這所四年制的軍事學院以訓練嚴格聞名，但在西點，傑夫對袋棍球的熱愛不減反增。每天兩到三小時的訓練，對軍校學生緊繃的生活來說是種愉快的放鬆。在正式練習之外，傑夫通常還會額外獨自練習。三年級時，他接受西點一位心理學家的幫助，這位心理學家專門幫助運動員提升運動表現。傑夫意外發現了心理學的強大力量，並找到許多值得學習的事，例如正面思考的力量、設定目標的重要，以及如何在壓力下保持冷靜、拿出理想表現。

傑夫最有興趣的，是一種稱為「視覺化」的訓練技巧，這種訓練需要冷靜的保持專注，並運用想像力。傑夫會想像在場上他希望比賽如何發展，並在腦中上演這齣影像。在心理學家的研究室裡，傑夫會在腦海中看到自己比賽的精彩片段，想像自己再度交出個人比賽最佳表現。

重要賽事前，傑夫會和助理教練一起看對手的比賽錄影帶，了解對方的球技。傑夫會搜尋對方防守的漏洞，或球員的不良習慣，然後想像自己利用這些機會，一馬當先衝過對方的阻擋而射門，或輕鬆交出一記助攻。然後，比賽開始前，當其他隊友用大吼、狂叫來準備迎接比賽時，傑夫會靜靜戴上耳機獨自坐著，開始視覺化過去比賽的精彩片段，看見自己突破對手防衛。比賽在腦中一場又一場上演。傑夫在大三和大四時徹底掌握了視覺化的力量，交出運動生涯的最佳成績。他兩次入選全美運動明星隊，還打破了西點軍校單一賽季的助攻紀錄。

冰面與水波中的孤獨身影

每項運動都看得到內向者的身影，但我們還是最常投身於可以獨自出賽或練習的項目，例如游泳、越野賽跑、高爾夫。我小時候也不例外，我十歲時開始溜花式滑冰，還參加比賽，這項運動對我有種特別的吸引力——光是看著選手在冰上滑過、旋轉、跳躍，就彷彿有種魔力。我想加入這個優美的世界，雖然開始的時間太晚，不可能有參加奧運的美夢，但光是努力讓自己進步這一點，就讓我很開心了。我在冰上獨自練習的時間，帶給我最純粹的快樂。一開始會想到這天發生的事，然後生活中所有的煩惱和壓力，都逐漸變得不重要了。心理學家伊莉莎白・米卡（Elizabeth Mika）說：「在某種形式上，運動成為一種冥想，占據了你的身體，讓心靈有時間自我探索。」

住在西雅圖、個性內向的少女珍妮，在游泳時也感受到同樣的冥想境界。從小到大，她從事各種運動；國中時，她和朋友都是足球隊，隊上女孩子個個聲音高亢，每次得分都興奮得大喊，但珍妮學不來她們那種精力充沛、活勁十足的樣子，「有個女生一直對我很不爽，她會說，你怎麼這麼不投入啊？你怎麼都不在意呢？」

沒多久珍妮就退出足球隊，改學游泳。她說：「在泳池裡和自己相處，感覺非常平靜。游頭幾圈時，我的思緒會很亂，想各式各樣的事情；但游到一個階段以後，腦中就會放空。如果那天和朋友吵架，覺得很難過，游泳的時候會暫時忘記這件事。我用游泳來釐清自己的思緒，或利用那時間隨便想一些事情。」

運動心理學家亞倫・葛保（Alan Goldberg）曾與業餘運動員和專業奧運選手共事過，他說內向的人很常選擇游泳。「游泳這種運動，會吸引能忍受寂靜的人；這種運動本質上就必須能忍受長時間獨處，和其他人無法有什麼互動。」

投手丘上的內向運動員

內向的人除了喜歡單人運動外，在任何運動場上也都能表現得很好。NBA史上兩個最佳控球後衛——德瑞克・羅斯（Derrick Rose）和拉簡・朗多（Rajon Rondo），據說都是非常內向的人。羅斯的教練就說，羅斯最了不起的一項能力，就是非常懂得傾聽。

同樣地，足球明星梅西（Lionel Messi）和羅納度（Cristiano Ronaldo）訓練自

己也都比別人更賣力，他們都會運用「用心練習」的技巧讓自己日漸精進。

還有美國大聯盟的華盛頓國民隊，根據二〇一二年的新聞報導，據說整支隊伍的個性都偏內向。這些運動員大致上都懂社交，但他們的個性都專注、自省、偏好分析。這支隊伍並不崇拜講話大聲、什麼都自己說了算的人，就連當時的教練戴韋・強森（Davey Johnson）也喜歡和球員單獨對談，不像一般的教練那樣整隊聚在球員休息室一起討論。

妮娜是俄亥俄州的高中生。她打壘球，很了解要打得好，就必須經歷許多個人訓練。年紀小的時候她玩各種運動，包括足球和籃球，不過毫無疑問地，她還是最喜歡壘球。妮娜擔任投手，投球非常有力，有一次她和爸爸在後院玩傳接球的時候，還因為投球勁道太大，打斷了爸爸的手指。

妮娜每天都練習。她會跑到住家附近的小山丘上，團隊練習結束後也會留下來練習自己不足的地方，直到很晚。她連在家看電視時也不忘精進球技，通常會把壘球拿在手上，練習幾種不同的抓握、旋轉方式，熟悉新的投球方法。或者她會舉啞鈴，鍛鍊自己的腕力。高二時她投出一場無安打比賽，也就是投滿九局，對方都沒有一位打者能擊出安打得分。到了高三，她幾乎在每項能力上都又更加進步了。

打破銅牌魔咒

運動心理學家葛保發現，內向的運動員當然也有缺點；他們通常都想太多，當犯錯或沒達成目標時，也對自己過分嚴格。

這點我非常有共鳴。以前溜花式滑冰，遇到比賽時我總是一個頭兩個大。練習的時候，我在溜冰場上好幾個小時都完美無瑕；但比賽日子一到，我就一塌糊塗，前一天晚上就睡不著，上場的時候，也會在練習時能輕鬆做出的動作上跌倒。我花了好幾年的時間，才學會在表演、比賽時比較自在些。（希望你不必像我一樣等那麼久！如果重來一遍，我會更了解我自己，對演出本身多做練習；大賽前幾天，我會盡可能多彩排幾次，習慣在鎂光燈下溜冰的感覺。）

跆拳道黑帶的漢斯．朗勃（Hans Rombaut）也有類似的煩惱。十歲時，朗勃第一次迷上跆拳道。他並沒有受人欺負，所以對跆拳道有興趣並非為了保護自己，而是因為對李小龍和忍者龜很沉迷。雖然在他住的比利時，足球和腳踏車才是最火紅的運動，但他還是非常想學跆拳道。而父母雖然不是很贊同，最後也只好答應了。十四歲那年，他每天練跆拳道好幾個小時。

朗勃願意花長時間辛苦鍛鍊，後來選擇了單人的跆拳道形式，專攻套拳——也就是比賽中不用實際對打，而是和對手一齊演出一套拳法，由裁判根據動作精確、力量等項目評分。在錦標賽中，分數高的選手可以進入下一回合。

這種運動需要獨自鍛煉、獨自表演，非常適合個性內向的朗勃；他不斷進步，幾年內就贏得比利時國家代表隊的資格。但不久後，他遇上了瓶頸：「進入國家隊以後，我總是得銅牌，大家都叫我『銅牌先生』。」他可以不費吹灰之力，就在前面幾個回合取勝；但愈接近決賽，壓力愈大，一想到要在幾百人面前表演，他就覺得難以承受。因為過分在意對手，身體動作僵直，最後他在準決賽中落馬。

好幾年的比賽結果都不如人意，於是朗勃找了教練，處理自己的心理障礙。教練要朗勃不要在意觀眾，也不要在意評審，朗勃說：「我會告訴自己，這裡沒有其他人，只有我和教練；我演出這套動作，只是為了讓她看看我程度到哪裡。一旦心裡的壓力降低了，我就能開始拿出好成績。」不到一年，朗勃就贏了歐洲錦標賽的冠軍。

裁判宣布朗勃奪冠時，朗勃整團的隊友一湧而上，歡呼道賀。在這個時刻，鎂光燈不再能影響朗勃了，他說：「現場擠滿了人，大家都在看。不過我不在意，只覺得好高興。」

如果你可以像朗勃一樣克服比賽的壓力、避開多慮的陷阱，那麼對運動員來說，你內向的個性有著數不盡的好處。你擁有三種重要的超能力：能忍受孤獨的練習，追求完美，以及強大的專注能力。

話說回來，運動也不全然只有競爭。就拿朱利安來說，他的興趣廣泛，從彈鋼琴到攝影都有，最近更迷上了武術。他透過跑酷（parkour）鍛鍊自己的身體，跑酷可說是一種有關脫逃的武術。「跑酷是學習根據你所在的環境，恰當地運用身體；所以如果有一道牆，就要學怎麼翻過去、怎麼著地，還有跳躍、翻滾、落地等等。我很喜歡跑酷，因為這運動只需要自己一個人，重點是測試你**自己**的力量，不一定要和別人比。我會讀一些資料、看影片，然後想辦法模仿。」

如果你喜歡某項活動，純粹是因為動作創造的喜悅，或追求卓越帶來的喜悅，就別誤以為非得透過比賽才能表現出來。比賽是一種方式，但不是唯一的方式。

內向選手的作戰守則

青春期時，身體會發生變化。好好呵護身體，試試看什麼最適合自己，或許你會發現提高心跳速率、稍微流點汗，可以讓自己放鬆、忘掉煩惱。關於運動，最重要的不是體重，或世人不公平的審美標準，而是運動可以讓心靈澄澈清明，釋放的腦內啡可以帶來快樂。你或許不是運動場上聲音最宏亮的運動員，不過**可以**贏得場上最響亮的歡呼聲。

單獨訓練

單獨訓練不僅可以提升技巧，也能透過獨處時光，讓心靈重新蓄滿精力。

了解比賽

集中專注力，運用在你從事的運動上。深入了解比賽。採取「用心練習」的原則（你可能早已駕輕就熟），並改善精進。

看見成功

善用自己一刻也停不下來、想像力豐富的頭腦，並勾勒自己勝利的畫面，增強信心。

縮小注意力

不要像朗勃那樣，讓群眾分散了你的心神與精力。**忘掉**觀眾吧，只要專注在面前的賽墊、賽場、比賽的泳道就好。將紛紛擾擾阻隔在外，只要專注在自己的表現上。

選擇單人運動

瑜伽、跑步、走路、爬山、伏地挺身，這些運動都可以自己在房間或到戶外做，而且也不用花錢。

第十一章　去探險

潔西卡・華森（Jessica Watson）在澳洲長大，她和姊姊、弟弟妹妹沒有上學；他們不是在家受教育，而是在船上受教育。潔西卡五年級時，爸媽買了一條十六公尺的船，並帶上兒女環繞澳洲海岸，展開了一趟五年的冒險之旅。潔西卡性情文靜，不過在她害羞的外表下，潛藏著一副熱愛探險的靈魂。潔西卡十一歲時回到家，聽說了水手傑西・馬丁（Jesse Martin）的故事：一九九九年他十八歲的時候，就自己駕船環遊世界。馬丁的故事深深震撼了潔西卡，雖然她年紀還小，但心中明白這就是自己想要的航行——她也想駕船環遊世界，而且她要獨自航行。

一開始，潔西卡沒有告訴別人她的夢想。誰聽了會當真呢？不過她私底下開始研究單人航海。在沒有其他人幫助下駕駛帆船，是一門困難的藝術，她盡力去學習一切大小事物。她想像，如果在寬闊的海洋中遇上險惡的暴風雨，會是什麼情況？

這種情境會有什麼危險？她準備好迎接挑戰了嗎？她有辦法忍受整趟航程都看不到人嗎？潔西卡學了很多氣候、航行、設備的專門知識；學得愈多、想得愈多，她愈相信自己能處理大自然拋到她面前的各種阻礙。

潔西卡下定決心要航行世界一周；而且你相信嗎，她竟然也說服父母，答應讓她去了！這趟航程需要嚴密的計畫，因此潔西卡號召了一群自願協助的生力軍，也找了一隊專家記錄、追蹤她的航程。她替自己的船妝點一番，取名「艾拉的粉紅女士」（*Ella's Pink Lady*）號，備好適當的設施保護自己的安全，並為風狂雨驟、變幻莫測的天氣做好準備。然後，在二〇〇九年十月十八日，潔西卡一個人啟航；當時她十六歲，準備好在接下來的九個月獨自度過。由於有先進的溝通裝備，潔西卡可以用無線網路和親人朋友、協助團隊說話，偶而甚至還可以上一下Facebook。

然而，她還是自己一個人——全然、純粹的孤獨，在遼闊的大海上。

潔西卡啟航了。當看不見陸地之後，她發現獨自一人並不會讓她覺得困擾。的確，她會和測量風向的風標講話，甚至給風標取名叫帕克；她也和在甲板上短暫停留的海鳥聊天，和她帶上船的布娃娃說話。她為自己的船加油打氣：提到船的時候，好像「她」是真人一樣，面對即將來臨的風暴時，需要鼓勵。雖然有時候會情緒低落，不過奇妙的是，即使她經常用電話與親友聯絡，但有時候她會拒絕講話的機會，寧可一個人靜靜的。有時候她發現，儘管距離幾千公尺，但家人朋友還是會干擾她。她獨自在太平洋上航行時，有一次還在部落格上寫道：「感謝爸爸和布魯斯過去幾天和我講電話時很有耐心，知道有時候女孩子就是不想聊天！」

這趟旅程讓她大開眼界，體驗了各種彷彿夢中才會經歷的情節：成群的海豚繞著她的船游泳；迷你烏賊不知怎地落在午夜的甲板上；她還看見夜晚的彩虹，又稱月虹，是月光穿透暴風雨形成的幻景。

她也曾經撞上油輪，造成船體受損。有時巨浪沖刷船身，船隻側傾，她像個浸透水的布娃娃，渾身濕淋淋地在船艙裡亂拋。有天煮晚餐時，她還不小心把義大利麵丟到柴油裡去煮。很多人勸她打消計畫，說她不可能成功；但即使在脆弱和恐懼的時候，潔西卡也深信自己做得到。

因此，潔西卡展現了旺盛的精力與努力，克服艱辛。在海上航行二萬四千二百八十五海里、歷經兩百一十天後，她終於在澳洲雪梨靠岸——岸邊有成群的直升機、船隻、電視記者、群眾要歡迎她，當然還有她的家人。潔西卡成為史上最年輕以單人駕船環遊世界的人。

最酸的檸檬汁

我們常以為愛冒險的人都粗野魯莽、膽大包天；不過，壯遊中那些險峻的挑戰，經常需要出人意料的一些技巧。潔西卡要完成這趟了不起的冒險之旅，需要極度專注、能忍受孤獨，情緒也得非常堅強穩定。潔西卡內向的個性，讓她極為適合完成任務。

不過一般來說，**外向的人**比較容易受風險高的情況吸引；而內向的人並非不會冒險，只是在冒險時通常比較謹慎小心，仔細斟酌。

有些科學家認為，人喜歡冒險，是和一種稱為「酬賞敏感」的現象有關。我們通常認為接受挑戰可以獲得酬賞；不論是爬山攻頂時內心滿足的感覺，或抽獎時獲得的獎品，都是一種酬賞。證據顯示，外向的人達成目標、贏得比賽、克服難關時，更容易感受到一股自豪、興奮、正面的感覺。當然，每個人都會高興；可是科學家發現，外向的人感受到的刺激更強烈一點。人腦內有一種天生的酬賞系統，這是一種神經網絡，會透過稱作「多巴胺」的化學物質來回傳遞訊號，發生好事時會讓我們覺得激動興奮。科學家表示，在外向的人腦中，這種多巴胺路徑似乎比較活躍。

在一項研究中，科學家觀察當贏了賭博，內向者與外向者的腦有什麼反應時，發現外向者腦中的酬賞區域反應比較大。我相信內向的人也喜歡贏的感覺，不過證據顯示，或許內向者腦中的酬賞系統活躍程度稍低，所以對贏這件事的反應比較平穩。而其他研究也發現，比起內向者，外向者開車比較急躁，車禍事件也比較多。

如果是像駕船環遊世界、登山這種危險的冒險，內向者的平穩可就大大有用了。挪威社會學家顧拿．布列維克（Gunnar Breivik）十多年來持續研究，探討極限運動員的個性。布列維克有一段時間研究登山的人，觀察他們攀爬岩壁、積雪的山峰，陡峭的室內岩牆的狀況。在好幾項研究中，布列維克發現登山的人通常個性比較冷靜、內省，可以沉靜地想像出目標的畫面。而不喜歡上健身房、喜歡在大自然中爬山的人，個性也特別內向。

另一項研究中，布列維克研究了一九八五年攀登聖母峰的挪威探險隊，分析各個隊員的個性。相較於其他聖母峰探險隊，這支探險隊的成績輝煌——七個挪威探險隊員中，有六位走完旅程，攀上頂峰。由於要對抗嚴寒、凜風、冰雪等狀況，牽涉到極端的感受，因此布列維克假定隊員的個性會較偏外向。還記得檸檬汁試驗嗎？那項試驗發現，內向者對刺激的反應比較強烈，而且比較容易對刺激吃不消

——現在，聖母峰就是最強烈的刺激，就像世界上最酸的檸檬汁。更何況，探險需要高度的團隊合作，而布列維克認為外向者比較擅長團隊合作。

然而研究結果顯示，探險隊成員大多是個性內向的人。布列維克說：「他們的個性獨立自主、很有主見、充滿想像力。」但是，他們也同樣能團體合作、互相幫助，登上世界第一高峰。

潔西卡了不起的單人航行，再次證實了布列維克的發現，也就是愛探險的人常常都是專注力強、個性內向的人。潔西卡在海上表現得這麼能幹，有一部分原因就是因為她個性文靜內向，所以面臨危難時才能保持冷靜、專注以對。即使航程如此危險，她依然有能力保護自己的安全，專注在正確的航向、駛過波濤洶湧的大海上，評估狀況並照顧好自己。

觀察力靈敏的科學家

其他內向的探險家並非天性熱愛冒險，但基於熱情或為了完成任務，他們願意挑戰自己，面對險境。在個性內向的人中，查爾斯・達爾文（Charles Darwin）是歷史上極富有影響力的一位。他提出了演化論，推測地球上所有物種都是為了適應環境，逐漸演變而成；這項理論徹底改變我們對人類本質與生物方面的認知。達爾文小時候就喜歡一個人散步，每次散步都走很遠；他也愛獨自釣魚，一釣就是好幾小時。有時候因為自身個性太內向，還會碰上麻煩：在從小長大的英格蘭，有一次他在鄉間漫步，因為只顧著想事情，結果走出了小徑邊緣、一步踩空，跌下兩公尺半的山壁！

達爾文年輕時攻讀科學，很希望看看英國之外的世界；而一八三一年，他的機會來了。英國政府正式任命「小獵犬號」探索南美周圍海岸水域，船長羅勃．費茲洛依（Robert FitzRoy）要替船上找個地質學家研究地形。達爾文以前師事過的教授推薦他；他一開始有些猶豫，但最後還是接受了。不過，船長也很遲疑要不要找這位年輕人：由於達爾文個性內向，所以船長不太相信他；而且船長還相信面相，他覺得從達爾文的鼻子形狀來看，一定沒有足夠的精力與決心完成航程。

不過，他最後還是同意讓達爾文上船，小獵犬號就在一八三一年十二月揚帆出港。航程預定兩年，最後卻延長為五年。達爾文大部分時間都在仔細記錄他在海上、陸地上觀察到的東西，每天在狹小的船艙裡寫下與陸地有關的日誌，記錄樹木、河流、花卉，還有當地的生物與住民。偶爾，他會隨信寄幾頁日誌，給家鄉擔任教授的朋友；這些日誌在幾位科學家手中輾轉流傳，但當時達爾文並不知道。一八三六年，等他回到家鄉英格蘭時，他已經成了學術圈名人。他在旅程中見識了許多令人驚奇的生物，也帶領他踏上研究之路，催生出了改變人類對世界認知的理論——演化論。

雖然達爾文的個性與長相，讓小獵犬號的船長不看好他能適應航程，不過達爾文最後卻成了最關鍵的角色。如果沒有達爾文，這趟航行大概會湮沒在歷史之中；正因為達爾文敏銳的觀察力，再加上他仔細記錄所見所聞，並在後續著述中加以解釋，才讓小獵犬號這趟航程成為科學史上最重要的探險之旅。如果他沒有上船，這不過就是一趟普通的航行罷了。

水底探險

下一個探險故事，絕對屬於「請勿在家模仿」的類型，不過這個故事可是如假包換。故事的主角是賈斯汀：他從小就喜歡敲敲打打、自己做東西；他還喜歡蓋積木，用漂流木雕刻，十歲時就已經開始自己做遙控船與遙控車。賈斯汀的父母很早就肯定孩子的這項熱情，會帶他到當地的舊貨零件場，撿些舊電腦、舊馬達，或任何賈斯汀覺得有意思的東西。後來，舊貨場的管理人甚至把有意思的東西留下來給賈斯汀，讓他把這些垃圾變成各式各樣的汽車或機器人。

賈斯汀的興趣逐漸茁壯，他深信自己可以做出一台潛水艇。十四歲的時候他做了一台，不過艇身無法防水；一年後他又試了一次，但這次也失敗了。後來賈斯汀覺得之前的方向錯了，於是請爸爸幫他買一條約兩公尺長、半公尺寬的塑膠排水管。賈斯汀的爸爸那時已經習慣了他各種古怪的實驗，所以問了幾個問題、確定安全無虞後，也就買給他了。

排水管送來後，賈斯汀把它拖到地下室，那裡放著他搜集的各種老舊電器、馬達、電線、纜繩等等，然後賈斯汀思考該怎麼著手。接下來六個月，賈斯汀一個人埋頭苦幹，將那條巨大的塑膠水管打造成單人的潛水艇：裡頭用上了舊漁船的馬達、玩具車的電池、舊水上摩托車的水平舵，以及從壞掉冷飲機裡拆下的空氣壓縮機。朋友和親戚偶爾會關心他的潛水艇進度如何、問他需不需要幫忙，不過潛水艇還是由賈斯汀一個人打造完成。有一天學校因為大風雪放假，但賈斯汀沒有找朋友出去玩，而是整天都忙著接線，從控制台把各種線路接到潛水艇的不同組件上。他不覺得這是枯燥乏味的瑣事，反而很喜歡花時間在這件事情上。

到了春天，潛水艇大功告成。在經過父母同意後，賈斯汀開著潛水艇潛入週末度假屋後面的湖裡，停泊在水面下。他獨自在水中待了三十分鐘，一邊吃奧利奧餅乾，一邊找水裡的魚，偶爾還透過對講機向爸媽報告一切安好，確保水沒有滲進來。

當潛水快結束時，他呼叫爸爸說自己有麻煩了。賈斯汀的爸爸很是緊張，結果賈斯汀說：「我的奧利奧餅乾吃完了。」

賈斯汀能做出自己的潛水艇，得歸功於幾件事。首先，他非常聰明；同時，他也能長時間專注，不間斷地從事一件困難的工作。下雪放假在家的那天，他一整天都一個人在接線路！他從來不覺得內向是個性上的缺陷；這是一項天賦。在打造潛水艇或遙控車時，賈斯汀覺得這是一項既開心、又刺激的冒險。

別讓恐懼成為小偷

並不是所有冒險都會留名青史，或對科技帶來貢獻——其實也沒有這個必要。舉例來說，住在美國印第安納州的麗塔曾經個性害羞，後來在高二時她到厄瓜多當交換生，住了一年。麗塔結交當地的朋友，學會跳騷莎舞，更適應了一種比她原生文化更溫暖、友善、活潑的文化。回國後她做了一場演講，談在國外讀書的經驗，鼓勵年輕朋友像她一樣去旅行。麗塔很怕公開演講，但她對自己要傳達的內容有信心。雖然主辦交換計畫的大人認為外向的小孩在國外會適應得比較好，但麗塔談到，內向其實是個很大的優勢——她可以很自然地傾聽，真正用心聽別人要說什麼，所以和接待家庭的大人及學校裡的同學都能建立起親密的友誼。她有時確實會戴起外向的面具，但她並不覺得自己變了，她說：「我不覺得自己變得比較不內向，我只是比較不害羞而已。」

麗塔讀的高中也想請她演講，這次是要在上百個人面前演說。麗塔很怕公開演講，但她覺得如果自己能橫跨地球，到一個語言不通、一個人也不認識的國家去住，回來學會講西班牙語，也認識了很多好朋友，那麼短短一場演講應該也沒什麼問題。她也記得鄰居告訴她的一句話——去厄瓜多臨行前，麗塔的媽媽交給她一本小冊子，裡頭是朋友和鄰居親筆寫的建議。「有個鄰居寫道：恐懼是個小偷。我到厄瓜多後，這句話成了我的座右銘。我決定秉持鄰居提點我的觀念行事：『別讓恐懼成為小偷，恐懼會偷走許多寶貴的事物，奪走眾多珍貴的時刻。』」

麗塔在厄瓜多時謹守這句告誡，現在她又再度拾起這句話。於是，她找英文老師一起準備演講稿，然後和學校的戲劇老師一起練習演講，記下哪些時候應該提高音量，哪些字句應該強化語氣。不過，演講那天早上，她還是緊張得不得了；台下有一千多名聽眾盯著她看。但麗塔瞄了一眼筆記，開口演說：「說出第一句話後，一切似乎稍微慢了下來，我也冷靜下來了。」底下的確坐了非常多聽眾，不過這些人之所以坐在這裡，都是因為對麗塔要說的事有興趣。這是分享她想法與經驗的好機會，或許還能啟發其他同學出國探索不同文化。麗塔可不想讓恐懼偷走這個機會。

麗塔從探險中培養出來的自信，不只應用在公開演講上——她發現自己現在比較容易交新朋友，畢竟她連更大的社交障礙都躍過了。她受那場冒險的影響非常深遠，現在更打算延後一年進大學，先加入另一個交換計畫——這次她要到俄羅斯去。同樣地，她對俄羅斯所知不多：她不會講俄語，在當地一個人都不認識，而俄羅斯也比上次去的厄瓜多離家更遠。

換句話說，這是趟完美的旅程。

內向者的冒險備忘錄

要不要去探險、探險的目的地、還有抵達目的地的方法，全都操之在你。不過如果你正著手展開自己一個人的探險之旅，以下是潔西卡、麗塔、還有其他探險家的小建議：

追求熱情所在

這一章談到的所有個性內向、卻踏上探險之途的人，都是因為對某一件事非常有興趣，而忍不住要投入探索。留意你對什麼事情好奇，並讓它引導你的方向，或許這會帶來一場改變人生的經驗。

多聽多觀察

無論是探險跋涉，或當開路先鋒，都很適合發揮你身為內向者的優勢。麗塔仔細聆聽接待家庭的媽媽說話，也觀察新同學都怎麼做，才逐漸習慣厄瓜多的文化；達爾文則藉著過人的觀察力，將原本可能遭人遺忘的一趟航程，變成史上最偉大的探索之旅。所以，內向者去探險再適合不過了。

養精蓄銳、儲備活力

不管你多熱愛探險，還是需要獨處的時間，才能充飽自己心靈的電池。以愛游泳的珍妮為例，她曾經到日本住過幾個星期，學習當地文化。日本的接待家庭本來並不了解她需要時間獨處，不過在珍妮的堅持下，日本家庭也讓珍妮在放學後一小段時間內獨處，一個人靜靜坐著。這讓她整個人完全脫胎換骨，在這裡適應得更加良好了。

實踐小羅斯福夫人的原則

小羅斯福總統夫人同樣也是個性內向的人，她說過：「每天做一件會讓你害怕的事。」小事也行，譬如在課堂上舉手發言，或聚會時坐在不認識的人旁邊。挑戰自己、突破舒適圈，可是件會讓人上癮的事喔。而養成習慣以後，說不定你就會固定去做有挑戰性、也讓你覺得有收穫的事。

相信自己

壯遊遠征、創紀錄的探險，甚至只是一趟簡單的出國旅行，無論對內外向的人來說，都可能會令人十分緊張。但就像麗塔學到的，別讓恐懼成為小偷！

第十二章　改變世界

一九九五年十二月一日傍晚，美國阿拉巴馬州蒙哥馬利市一輛巴士靠站停車，走上來一位四十多歲、穿著得體的女士。雖然一整天都在「蒙哥馬利市集」百貨公司昏暗地下室的裁縫店，彎著腰就著燙衣板熨衣服，但她走路依舊抬頭挺胸。她雙腳浮腫，腰背痠疼，於是坐在「有色人種」區的第一排座椅上，靜靜看著公車慢慢擠滿乘客，直到駕駛出聲要她讓座給一位白人乘客。

這位女士吐出一個字。這個字就此點燃了二十世紀最重要的民權抗議運動，也就此改變了美國。

她說：「不。」駕駛威脅著要找警察逮捕她。這位名叫羅莎・帕克（Rosa Parker）的女士說：「請便。」

警察來了。他問帕克為什麼不站起來，帕克只簡單回問：「你們為什麼老是要欺負我們？」警察說：「我不知道，但是法律就是法律，我現在要逮捕你。」

帕克被判擾亂治安。判決宣布那天下午，蒙哥馬利促進協會在城裡最窮困的地區——霍特街浸信教會為帕克籌畫了一場集會，有五千多人到場，聲援帕克充滿勇氣的個人行動。所有人把教堂擠得水洩不通，每張長椅都坐滿了人，剩下的人則耐心等在外面，聽著喇叭傳出的演講聲。馬丁・路德・金恩（Martin Luther King Jr.）牧師向聽眾說：「總有一天，人會厭倦被壓迫的鐵蹄踐踏。」

他讚揚帕克的勇氣，並擁抱她。帕克靜靜站著——她僅僅站在那裡，就能激勵群眾。蒙哥馬利促進協會在全市發動了一場抵制公車的行動，持續了三百八十一天之久，大家跋涉好幾公里去上班，或和陌生人共乘——而這群人就此改變了美國歷史的發展。

我以前一直以為帕克身材高大、個性勇敢大膽，能輕鬆站出來面對一整車怒氣沖沖的乘客。但在二〇〇五年她以九十二歲高齡逝世時，如潮水般湧出的訃聞都說帕克話音輕柔，待人貼心，而且身材嬌小。訃聞說她「膽小羞怯」，同時又有「雄獅般的勇氣」，文中淨是「極度謙遜」與「沉靜剛毅」這樣的形容。這些說明讓人不禁要想：**沉靜又擁有堅忍的意志力，究竟是什麼樣子？一個人怎麼能既害羞，又**

勇敢？

帕克本人似乎也察覺到其中的矛盾，故為自己的傳記起了《沉靜的力量》（*Quiet Strength*）這樣的書名，挑戰我們質疑自己的假設。為什麼文靜的人**就不能**勇敢？文靜的人還能做到哪些我們以為他們做不到的事？

這一章將要告訴你——個性文靜的人，可以改變世界。

人格的橡皮筋理論

幾年前，我有幸與人格領域的思想大師卡爾・舒華茲（Carl Schwartz）博士一談，他在哈佛醫學院工作。他解釋，我們的一部分人格，在出生時就已刻劃在大腦和神經系統上；就像我們之前談的，人天生就有自己的氣質，在行事和感受上有特定的傾向，且無法用意志力改變。

不過，我們可以擴展自我，發揮潛能。敏感謹慎的人可以學著行事更大膽一點，而衝動坦率的人可以學著晚一點滿足自己，做事更圓融一點。

我覺得這就像人格的橡皮筋理論。我們內向的人可以隨自己的意思，像橡皮筋一樣延展自己，表現得比較外向，或待在吵雜的環境；但如果拉得太長，我們會斷掉。訣竅是，要知道自己的極限在哪裡。

關於人格的橡皮筋理論，我最喜歡的例子，是我在普林斯頓大學的同學溫蒂・坷普（Wendy Kopp），當時她對改善美國的教育提出了一項很先進的想法。在美國極度窮困的地區，學校人力物力不足，但每班學生人數非常多，很缺老師。坷普讀大學時在想，班上那些聰明、年輕的同學畢業後如果有機會，或許願意先到那些窮鄉僻壤教書，但他們需要一個組織居中引介。坷普仔細思考後，覺得這個方法確實可以改善無數孩子的教育狀況。

不過坷普也知道，要達成這項任務必須有資金，而且是不小的一筆資金。坷普把這個計畫取名「為美國而教」（Teach for America）；她研究了一下，算出一開始需要大約兩百五十萬美金，該計畫才能順利運作。有了資金，才能招募年輕的畢業生，訓練他們當教師，並付給酬勞。但坷普自己那時也還是學生，沒有那麼多資金，也不知道誰會有那麼多錢。這表示：如果要實踐理念，就必須請別人捐款。

對某些人來說，這件事不難；但坷普覺得自己不是那種典型的外向型業務，沒辦法舌燦蓮花，讓別人支持她的理念。她很肯定自己的內向個性，也很重視獨處；

大學的時候，她婉拒加入熱門的交際社團，喜歡每天早上獨自一個人長跑，讓思緒更清晰。我現在還記得曾經看她走路穿過校園：那時她尚未創立這個計畫，但是全身散發出意志堅定、充滿決心的氣質，讓我一見難忘。在當時的情況下，坷普就像其他奮發圖強、勤奮不懈的內向者一樣，進了圖書館埋首書堆，盡可能徹底了解教育不均的問題，還有自己需要哪些資源來打造組織。

於是，她動筆寫信給可口可樂、達美航空等美國前三十大企業的老闆；大多數都回絕了，有些信更是石沉大海，不過她還是持續努力。大學畢業後那個暑假，她獨自待在一個小辦公室裡寫了上百封的信。有一次，她說服了一位快人快語的德州億萬富翁羅斯·裴洛（Ross Perot）私下和她見面，裴洛連珠炮似地拋出好幾個問題，但坷普不慌不忙地一一回答，終於說服裴洛相信這個計畫的價值，於是裴洛成了最初捐款的其中一人。

最後她總算籌足資金，成立了組織；但身為組織負責人的職責，讓她很是困擾。第一批徵得的老師在南加州大學接受訓練，坷普卻避不見面；老師在餐廳一起吃午餐，坷普卻待在自己的辦公室裡。這等於是邀了幾十個人到家裡開派對，你卻一直待在自己的房間裡。坷普很害怕這些充滿抱負的老師；後來她說，這些老師受訓的八個星期，是她人生中最漫長的八個星期。

幾年過去，珂普的組織逐漸成長茁壯；她了解自己不能再這樣下去，必須挑戰自己。儘管她不喜歡和人見面，但是**她的事業**需要她和人打交道。於是她走出辦公室，不再避開討論，反而主動和其他老師交談。大多時候她整天開會，從早上九點一直到晚上八點——無論對內向或外向的人來說，這都是很長的工作時間。開完會她會回家睡幾個小時，然後在拂曉時起床，這樣她就有幾個小時的時間，能以自己最喜歡的方式工作——也就是完全獨自工作。工作非常辛苦，不過她的努力有了回報：「為美國而教」後來發展成美國最重要的教育機構。

海外送書

羅蘋一天到晚都在聽老師教訓她同一件事：「課堂上要多發言！」、「你要多和其他同學來往！」其實，羅蘋比較喜歡自己獨處，或一次和一個好朋友相處，她特別討厭一大群人。在學校需要上台報告時，她只敢盯著地面，從來不敢把目光抬起來，她怕自己對上其他人的眼睛會開始發抖。她也覺得閒聊很無趣；和朋友在一起時，她們會嚴肅地討論一些自己重視的話題，譬如家人、信念、社交生活等等。

羅蘋閒暇時喜歡讀書，她也喜歡寫寫東西、彈鋼琴，不過當需要放鬆休息時，她常躲到房間，遁入小說的世界：從狄更斯到約翰・格林的小說，什麼都讀。她最好的朋友也是愛書人；他們都對文學有興趣，所以結為朋友。他們在想，該怎麼把自己對文學的興趣與其他人分享。羅蘋回憶：「我那時想，何不為沒有機會看書的人辦場募書活動呢？」羅蘋的朋友也覺得不錯，於是他們一起去尋找要捐書的對象，希望找到能信任的慈善單位。

剛開始他們朝當地組織去找，不過後來羅蘋無意中發現了「非洲圖書館計畫」：這是個非營利組織，協助孩子發起募書計畫，再將書捐贈給極度缺書的學校。要參加這個計畫，他們必須募到至少一千本書，還有至少五百美元的運費。這個計畫指定了非洲東南部一個貧困的國家——馬拉威，請他們捐贈給當地一所圖書館。

羅蘋先去找一位堂哥幫忙，他是附近一所學校的校長，所以羅蘋想，他應該能給些建議。後來，羅蘋的堂哥不但給了幾個好建議，甚至答應捐贈他們學校圖書館裡的八百本圖書。他也鼓勵羅蘋去找自己學校的校長幫忙。

請堂哥幫忙比較容易，畢竟他是親戚；但要和自己學校的校長說話，完全是另一種挑戰。在羅蘋的學校，以前學生幾乎每天都得穿制服上學。之前學校辦過幾次便服日捐款活動：學生如果捐十塊錢給指定的慈善機構，就可以穿自己想穿的衣服上學。如果再辦一次便服日，募得的金額肯定可以超過運費所需的五百元，但首先必須有校長許可。要和校長講話讓羅蘋很害怕，但若募書要成功，有校長的幫忙，機會最大。

羅蘋想，自己對這項慈善計畫了解愈多，講起來應該就更有說服力；於是她研究了計畫，也盡可能了解她要幫助的對象，包括馬拉威當地的識字率。而且，她也說服朋友和她一起去見校長，可以在一旁支持她。校長沒有對畏縮的羅蘋大吼大叫，也沒大發脾氣；不過很可惜，校長也沒許可她的計畫。原來校長並不喜歡便服日，不願意舉辦。

不過，羅蘋也沒打算就這樣放棄。她請教了學校的社區服務協調人，對方也建議了幾個方法。週末時，羅蘋和朋友已經安排好推出「零錢大作戰」活動：他們在學校餐廳設了兩個收書箱，一個給女生、一個給男生，請同學互相挑戰，比一比男生捐得多，還是女生捐得多。羅蘋的朋友到處宣傳，也畫了傳單貼在學校、鎮上各地，請大家捐錢捐書。有一次，羅蘋還到弟弟的男童軍隊上，對著二十幾個童子軍和童子軍的父母演講。她很緊張，但想到計畫時又鼓起了勇氣，向大家解釋馬拉威的識字率很低，她希望可以幫忙解決這個問題。一講完，就有童軍就捐出了自己的零用錢。

善款和贈書涓滴累積。那年夏天，努力了六個月後，羅蘋和同學募得了一千一百七十七本書。這樣一共需要六百元的運費，但捐款有點不足，所以羅蘋把多的書賣給二手書店，補足運費差額。接著她又找了幾位親友，把自己的家變成郵務室，一邊放上音樂，一邊俐落地打包書本，將其裝成二十三大箱。書的種類繁多——有孩子讀的故事書，有教科書，還有精美的地圖集。

羅蘋最後把幾大箱的書送到郵局，寄出她這段時間辛勤的果實，心裡感到無比輕鬆。最重要的是，她覺得很自豪；這份自豪轉化為一股自信，讓她相信自己，也相信自己有能力可以達成目標。

為理想一起打拚

第八章曾經提過紐約曼哈頓私立高中的布萊恩和詹姆斯：布萊恩外向、詹姆斯內向，兩個人搭檔擔任學生會主席，配合得天衣無縫。他們兩人運用彼此相輔相成的能力，共同推廣了一項了不起的理念。在一起擔任學生會主席時，他們舉辦了幾項好玩又有教育意義的活動，例如遊樂園一日遊、學生集會、才藝表演等等。不過最讓他們引以自豪的活動，應該是擴展學校的社區服務。他們想鼓勵學生幫助當地的惜食組織，於是召開全校大會，向七百五十五位同學說明惜食組織的工作，以及他們需要什麼樣的協助。外向的布萊恩很高興可以上台講話，他說：「我在台上講笑話，很樂在其中。」

至於內向的詹姆斯呢？他就沒那麼喜歡上台了。不過他還是拋開緊張的情緒，上台和同學解釋：最便宜的食物往往最不健康，所以住在紐約低收入區的人吃不起該吃的食物；而詹姆斯他們想合作的惜食組織會免費提供健康的食物，只是需要志工協助。

因為詹姆斯沉靜的熱情，以及布萊恩一貫的風趣，會後有三十幾位同學都加入簽署，願意擔任志工。

人生的良師益友

卡莉是位內向的音樂劇演員。當快要畢業前，她在想自己從小學、國中到高中，一路上有什麼變化。她覺得，在高中時參加的社區服務計畫最重要：這項計畫幫助她成長，了解自己是個寬厚仁慈的人。

那時候，學校要求學生在高一到高三期間，須完成二十四個小時的社區服務。卡莉說：「這個活動絕對改變了我；除了要求的時數外，我還另外多做了很多時數。」

卡莉參加了家鄉佛蒙特一項針對兒童和青少年的反毒計畫，擔任國中小學生的課後輔導和暑期輔導老師。卡莉的目標，是不帶批評眼光地去幫助可能使用毒品的孩子。

「我時刻不忘該計畫提倡的精神，這很重要。孩子們可能根本沒察覺，但你可以啟迪他們。這是很大的力量。和孩子在一起，改變他們的人生，是很愉快的工作。」卡莉認為，自己能把志工角色扮演得不錯，部分要歸功於她本身內向的天性。她能耐心聽孩子說話，因此可以同理孩子的感受。

由於卡莉自己個性內向，因此也特別注意要多關心內向的孩子。她說：「我照顧的孩子很多，有時在團體活動時，我們會盡量讓害羞內向的孩子同一組，讓他們知道有其他孩子像他們一樣，自己並是不孤單一人，自己是有朋友的。暑期輔導時，每天吃完午餐後我們會去游泳，孩子都很期待這項好玩的活動；他們可以和朋友在一起，也可以自己玩。有些孩子只會去玩沙或看書，這點我完全了解；我不會阻止他們。」

靜靜地撼動世界

在本書一開頭提到內向者的十大原則，我在裡面引用了甘地的話。甘地身材瘦小，而且愛好和平、充滿智慧，堅持非暴力與克己的原則，領導了一場改變歷史的革命。一九四七年，印度在英國近兩百年的壓迫中解放，終於脫離英國不公不義的統治；而帶領印度邁向獨立的，正是個性內向的甘地。

不過，你不需要和其他國家對抗，也可以改變世界。像羅蘋、卡莉這些年輕人，都示範了如何一次一小步改變世界；而且，也不一定要活潑外向才能達成目標。以下有幾個小訣竅，告訴你如何用自己獨特的方法發揮影響力：

找到你最熱切的理想

凡是追求崇高的理想，就不時會遭受考驗，所以一定要選擇自己有強烈共鳴的理想。對看書永遠看不厭的羅蘋來說，她的理想就是協助建立圖書館；對你來說，則有可能是完全不同的事情。

發揮自己的長處

坷普準備改善美國貧窮學校的環境時，第一件事就是查資料——這對她來說是很自然的事。她投入身心研究她想解決的問題，並盡量去學習每一件事。記得擁抱**你自己**文靜的長處。

建立有意義的人脈

找找看有沒有人願意呼應你的使命。你不用每個人都認識；幾個真誠、深交的朋友，會比一幫泛泛之交更有力量。

挑戰自己，延展橡皮筋

雖然你需要仰賴自己內向的優勢，但有時候肯定也需要走出舒適圈。羅蘋站在整隊童子軍面前演講，詹姆斯號召同學擔任志工並捐獻，坷普學會接受領導者的角色，和員工更直接地互動……這些事做起來不容易，這點無可厚非，不過你一定辦得到！

堅持不懈

追求義舉要付出努力，也不時得面對考驗——這讓你懷疑自己能否堅持下去。羅蘋學校的校長不願意支持，但她必須克服；坷普組織草創時期，拒絕她的人多不勝數；羅莎·帕克更是憑著一股不凡的勇氣，為所有黑人挺身而出，堅決不向酷法低頭。這些人相信自己的使命，因此才能排除萬難，最終獲得成功。

第十三章　上台表演

個性內向的人可能嗓門不是最宏亮的，也不特別渴求別人的注意，但許多個性內向的年輕人**也能**找到表演方法，展現自己的才華。站上舞台的歷程人人不同。有些內向的人並不害羞，而且其實挺喜歡站在舞台的聚光燈下，透過記誦台詞、掌控互動，安全地和觀眾交流。而有些人平常害羞，演出角色時卻截然不同，他們會說：「在舞台上的那個人，其實不是真正的我。」有些人儘管害怕，但願意咬緊牙關，逼自己站上舞台。

還有些人壓根不想和舞台有任何瓜葛，這樣也很好。我自己就花了幾十年才能自在地上台演講；希望你們可以比較自在，不必像我一樣花這麼久的時間習慣，但還是要按照自己的步調前進。接下來，我想說說幾個年輕人站上舞台表演的故事，或許你會和他們產生共鳴。

卡莉覺得自己個性很內向，不過其實她並不害羞，也向來熱衷參加團體課外活動。她高一時加入學校合唱團，曾在卡內基音樂廳和林肯表演藝術中心演出；而高中三年，她也都參與團隊體育活動。

因為參加過合唱團，高三時她在學校春季音樂劇上擔綱演出一個角色。以前在合唱團中演唱，或和隊友一起在球場上爭輸贏，她從來不覺得害怕；但現在可是要站在舞台聚光燈下，念出台詞或獨自演唱，這感覺可怕多了。不過卡莉學校的藝術課程很紮實，音樂劇的導演和編舞都在百老匯受過訓練，且卡莉自己也很期待有人指點她的演技與歌技。

音樂劇演出五場，場場門票都銷售一空。第一晚表演緊張又忙亂，但是卡莉運用過去合唱及運動比賽的經驗，不僅表演出色，情緒也很鎮定，連她自己都很驚訝能做到這點。

「有個建議不錯，就是不要看著觀眾，可以看包廂或燈光廂。在第二場表演時，我已經克服緊張的情緒了，以前運動比賽的經驗應該有幫助。導演一直告訴我們，運動和劇場表演其實是互通的，都需要苦練，而且在觀眾面前比賽，某方面來說就像上台演出。」

連恩同樣也個性內向，但也同時喜歡表演。他高一就打響了自己舞台劇迷的名號，從那時候起，每年學校演出中的喜劇角色就非他莫屬。不過，他不覺得自己是班上的開心果；他逗趣的演出通常只出現在舞台上，不常出現在日常生活中。「我通常都滿安靜的，在表演的時候逗大家笑比較有趣。在平常或在班上，我不會說那麼多笑話。」對連恩來說，要在演出時表現得外向風趣最輕鬆；這是角色的一部分，他也知道怎麼演出。在舞台上，他清楚地知道如何扮演自己的角色。

不過，對這些年輕的演員來說，走下舞台和人聊天，感覺就沒有這麼清楚了。連恩和班上同學都處得不錯，但還是喜歡和好朋友艾洛特兩個人出去；他們從小學一年級就認識了，兩個人都喜歡喜劇，除了逛逛聊聊，就是用連恩的 iPad 拍影片。有時候兩個人在影片中軋一角，有時候找連恩的寵物當主角——連恩有兩隻狗，一隻貓，還有一隻烏龜。

「我們會假裝在拍廣告，或者編故事來拍；有時候先寫劇本，不過大部分是即興演出。接觸喜劇，讓我想把喜劇學好。我喜歡看好笑的書，也會看好笑的電影，或 YouTube 上其他人拍的搞笑短片。」連恩和艾洛特最近也開始把影片上傳到 YouTube 上，期待吸引更多粉絲。

連恩發現，別人看了他的舞台表演或網路影片後，會對他滑稽的演出予以肯定；這讓他更有信心去展現另一種截然不同的技巧：打鼓。「我喜歡打鼓，但練習很辛苦，打鼓不是一直都很有趣。最好玩的就是聽著自己的鼓技慢慢進步。很期待能秀給大家看我現在打得多好！」

連恩加入了搖滾樂團，在學校的年度音樂之夜表演——剛好是他秀鼓技的絕佳機會。學生們的家長都出席了，那時大家很怕搞砸，不過連恩說，就算出了什麼紕漏，「我們就彈得大聲點，這樣就沒人會注意到了」，說完咧嘴一笑。現在，除了演員、搞笑人物、個性內向之外，連恩又多了一項自我認同：音樂家。

突破害羞，嶄露頭角

卡莉和連恩都是個性內向，但不太害羞；雖然他們的才華多半只有自己或好朋友知道，不過他們不會因為天性內向，就不敢在眾人面前展現自我。但住在喬治亞州的萊恩就不同了：他個性內向**又**害羞，必須練習好幾年才敢站走入聚光燈下。萊恩偶爾會在達人秀裡面插花表演，但從來不覺得自己表演得好。

不過，萊恩在高中還是無法抗拒舞台的召喚；他加入了戲劇社，在美國南北戰爭故事《安德森維爾審判》（*The Andersonville Trial*）中演出一角。萊恩對上台演戲這件事非常緊張，所以仔細研究了自己的角色——安德森維爾監獄中的一名囚犯。安德森維爾監獄當時設在南軍兵營，關押的聯邦囚犯死了一萬三千人。第一次排演的時候，萊恩只是念出台詞，沒放什麼感情。不過戲劇社後來到監獄遺址實地考察，萊恩到了那裡後，開始想像當時的囚犯住在這麼污穢不堪的環境，身邊的人都在垂死邊緣，會是何等處境。他更深入鑽研自己的角色，等到真正站上舞台表演，萊恩不再只是吐出台詞。因為仔細研究過當時的情況，他幾乎變身成當時的那名囚犯。

萊恩發現，演戲在某方面比在達人秀上表演容易。雖然燈光和觀眾的灼灼目光一樣叫人害怕，但因為透徹研究過角色，他覺得站在台上的那個人已經不是他自己了。站在所有觀眾面前的，是他的**角色**，不是萊恩本人。萊恩潛心觀察，並從角色的角度出發，因此成就了他精彩的演出。

神仙教母唱高音

從萊恩、連恩和卡莉的例子可以看出，雖然內向者常因為別人的目光注視而覺得緊張，但不表示我們只想一直當觀眾；有時我們**也會**受到舞台上鎂光燈的吸引，希望獲得關注與掌聲。我們能運用出色的觀察力，看出表演要成功有哪些要素，並了解如何持續進步，讓自己的表演更精彩。

其實，近來很多大明星都是個性內向的人。之前提過的碧昂絲，在舞台表演時聲勢奪人、才華四射；但接受專訪時，她卻表示自己的個性害羞且低調。流行天王麥可・傑克森（Michael Jackson）也是一樣，他可以在幾萬人的舞台上表演月球漫步，不過其餘時間多半和家人好友待在家裡。還有，雖然脫口秀表演多半得搞笑耍寶，但身兼脫口秀藝人和作家的史提夫・馬汀（Steve Martin）卻坦承：「基本上我的個性害羞，如果注意我的人太多，會覺得有點不好意思。」

還有艾瑪・華森。她在《哈利波特》電影裡活靈活現地飾演個性外向的妙麗，老愛舉手發言，遇到事情一定為自己和朋友挺身而出。但是艾瑪・華森覺得，自己其實個性內向。她在一篇專訪中說：「了解自己的個性，帶給我很大的力量。因為我以前一直以為，老天爺啊，我一定那裡有問題——我怎麼會不想出門，做那些朋友們都想做的事？」

她補充：「如果我必須曝露在公眾的眼光下，那我希望是為了一些有意義的事情。」也許正因為如此，艾瑪・華森自二〇一四年擔任聯合國婦女署親善大使，並在聯合國發表演講，促進性別平等；她在演講時看起來沉著無懼。

個性內向卻想站上舞台，本身就是件有點互相矛盾的事。但小兒科醫生瑪麗安・科蘇納基（Marianne Kuzujanakis）說，對許多內向的演員、音樂家、喜劇家而言，表演不是一種選擇，而是一種需求。「不論唱歌、跳舞或演戲，他們無法壓抑自己滿腔的才華與熱情。如果必須在公開場合才能盡情展現內在，即使覺得害怕，有些人也很願意冒險。表演結束後，他們可以變回真正的自己，透過獨處逐漸恢復心神。」

媽媽幫忙推一把

維多莉亞今年十四歲，向來熱愛唱歌；她聰明、努力，個性內斂，常參加學校音樂劇的演員選拔，但從來不曾爭取過主要角色。維多莉亞不像萊恩那樣喜歡成為眾人焦點，比較喜歡混在合唱團之中，她說：「我一定會躲在別人後面。」

後來維多莉亞面臨了一項考驗：她的媽媽在學校音樂劇表演那天有一項重要會議，但她告訴維多莉亞，她可以推掉會議出席音樂劇——條件是維多莉亞必須演出主要角色。維多莉亞的媽媽不想再從一片合聲中努力辨認出女兒的歌聲；她希望維多莉亞知道，媽媽相信她的能力，而且也希望維多莉亞對自己有信心，大方展現自己的才華。

維多莉亞決定試試看。她回想起來，說道：「我想讓大家看看，我的確有演出音樂劇的能力。」劇碼是史蒂芬．桑德海姆寫的《魔法黑森林》（*Into the Woods*），劇中有許多可以發揮的角色。維多莉亞還沒準備好演出女主角，於是爭取灰姑娘裡神仙教母的角色，結果維多莉亞雀屏中選。她很意外，立刻緊張起來，因為在劇中她得唱女高音，這比她能唱的音階還要高出幾個音；而且在劇本中，她還得從離舞台近兩公尺的高度垂吊下來！這和合聲**可差得遠了**。

不過，維多莉亞就和我們訪問過的其他孩子一樣，內向的一面幫助她創造不凡表現。萊恩深入挖掘角色特質，將自己沉默慎思的特質轉化為優勢，維多莉亞則發揮了自己潛心練習、專注不懈的強項。她練了好幾個月，把音高往上提了幾階，為成為觀眾耳目焦點的那一刻做足了準備。她說：「演出前整整一個星期，我都擔心自己會搞砸，或在台上抖個不停。」

但實際上，她覺得當個主要演員的感覺很不錯；光是別上麥克風就讓她很開心。雖然她很害怕，但演出非常順利：「我上台的時候一切正常，我很鎮定。」

維多莉亞的母親就在觀眾席看著，感覺與有榮焉；維多莉亞每個音都唱上去了，演出也很完美。維多莉亞的母親聽到觀眾席裡的學生讚嘆連連，說道：「真沒想到！她真會唱！」

性格自由理論

布萊恩．利托（Brian Little）博士是位心理學者，專門研究人類心智與大腦複雜的互動。幾年前我認識他時，他還在哈佛任教，是學校中最受學生愛戴的教授。他充滿教學熱忱，也十分關心學生。大學教授都有諮詢時間，學生可以到教授的研究室，找教授私下談談學業或個人狀況；每次利托教授的諮詢時間一到，研究室外的走廊就會大排長龍，好像他要發送超級盃足球賽的門票一樣。

利托教授在台上講課時非常活潑，就像個外向的人，但私底下他個性內向，喜歡自己獨處。說到底，一個人有可能兩者兼得，同時忠於天性並保有自己文靜的優點嗎？我想答案是肯定的——只要你努力走出舒適圈，是為了幫助真正關心的人，或完成真正感興趣的工作。

利托教授根據自己的經驗，提出新的「性格自由理論」來解釋這個現象。性格自由理論認為，我們天生有某些人格特質；但假使真正需要，也可以學習新的特質，以便完成「個人核心任務」。所以，不是只有外向的人才能在舞台上談笑風生，也不是只有內向的人才能靜靜坐著看很多網路文章，或自己一個人練習樂器好幾個小時。

回頭談談妙麗吧。這個外向的角色是由內向的艾瑪．華森飾演。在《哈利波特》小說中，妙麗總是忍不住想發言，與她很會讀書的一面形成對比，但她正是證明「性格自由理論」的一個範例；因為她出於對知識的熱愛，能靜下來一個人埋首書堆。

利托教授的理論適用於每個人——他的理論表明了，在熱情的驅使下，我們能培養出與天性截然不同的特質。

我自己上台表演的經歷，也是性格自由理論的另一道明證。如今我經常在數百、數千人前的舞台上演講；我談笑自若，動作流暢自然，懂得用手勢強調論點，並且用發自內心的活力與熱情演講。對著一大群聽眾侃侃而談「內向」這個主題，聽起來可能很特別，而我也了解聽眾中可能有人覺得我個性外向。我在舞台上鎮定自若，有時候還能逗笑觀眾，感覺很不錯。但我之所以能做到這件事，是因為真的很關心我討論的主題。我很關心個性文靜的孩子和大人，熱切希望內向的人能獲得肯定——討論這些主題，讓我整個人光芒四射。

當然，以前的我不像現在這樣，能從容站在台上。我永遠忘不了八年級的時候，我和幾個好朋友都在一個英文班上；因為班上有熟人，我比較放鬆，在課堂上也比較常發言，結果老師完全不知道我是個害羞的人。有一天，我們在念莎士比亞的《馬克白》，老師要我和一個朋友到教室前面來，我馬上變得超級緊張，等老師說要我們演一場幽默短劇，由我飾演馬克白夫人，我更是慌張到不行。我朋友要演主角——難逃一死的蘇格蘭王馬克白，我們一起演出劇本中一段重要場景，但是老師不要我們看著書本念台詞，而要我們即興發揮，自己創造台詞。

聽起來應該很好玩吧？**才怪**。我簡直恨不得消失在空氣中：我雙頰脹紅，怎麼也開不了口，身體也開始發抖，不得不坐下來，讓老師很意外。結果整堂課我沒再說任何一句話。那天走在學校走廊上，我覺得自己實在太丟臉了，竟然連好好站著、放輕鬆都做不到。

老師其實教得很好。而當初如果由其他同學來演，應該也會是很棒的創新嘗試。但我給自己的壓力太大，演出好像成為我的生死關頭。如今，我知道對上台這種彷彿過敏般的嚴重反應，是可以克服的；甚至還了解，自己內向的天性能成為舞台上的**優勢**——真希望我當初就知道這些事。希望你不用經歷和我一樣的掙扎！

布娃娃當觀眾

凱特琳今年十歲，要在大家面前講話，對她來說非常可怕。凱特琳極為害羞內向，講話聲音小到連家人都很難聽清楚，對有些人她則根本不敢講話。二年級的時候，因為她在學校幾乎不說話，讓老師覺得很洩氣，學校甚至建議讓她上特教班。凱特琳並非功課不好，她每一科的成績都很優秀，但就是個性非常、非常內向。

五年級的時候，凱特琳班上每個同學都要做五分鐘的口頭報告。凱特琳很緊張，立刻開始準備。首先她針對自己選的主題——美國女飛行家愛蜜莉亞・艾爾哈特（Amelia Earhart）做了很多研究，嫻熟了一切相關事蹟；然後，她做了 PowerPoint 投影片，介紹這位勇敢女飛行家的一生。投影片做完，就輪到凱特琳的爸爸上場了。凱特琳的爸爸也是個性內向的人，不過已經學會在必要的時候掩飾自己內向的一面，學會怎麼和人閒聊，還加入國際演講協會（Toastmaster）——這個協會專門協助成人學習對一大群人演講。而現在，他要把自己學到的技巧傳授給凱特琳。

父女倆在筆電上開啟簡報，把筆電擺在客廳正中央。首先，凱特琳的爸爸坐在她對面，讓凱特琳報告愛蜜莉亞・艾爾哈特的生平給他聽。接下來，凱特琳的爸爸在客廳裡豎起了十隻填充布娃娃，用來代替凱特琳班上的同學。凱特琳笑了，覺得看起來傻氣又幼稚，不過爸爸說他是認真的，要凱特琳再報告一次，不過這次請她和每個布娃娃眼神接觸。這樣一來，等她真正上場，就會習慣掃視房間，只是她看到的會是老師和同學，而不是布娃娃。凱特琳和爸爸就對著這群假想的觀眾，一再練習五分鐘的簡報，練習了一個多小時——也就是她報告了十二次！幾天後凱特琳上台報告，表現得很出色，毫無瑕疵，得了很高的分數。

凱特琳的故事，點出上台表演的不二法門：事前準備絕對少不了。我八年級的時候，沒有機會為那場莎士比亞的即興表演事先準備，但後來我知道，事前練習能幫你準備好面對各種事。

二〇一二年，我獲邀在TED的加州大會上向一千五百位聽眾發表演講。剛收到邀請時我很害怕，不過我努力訓練自己公開演講的技巧；直到上場前那天，我已經訓練了將近一年。我和凱特琳的爸爸一樣，也參加了國際演講協會（後來協會還頒給我優良演講評鑑獎），接受TED的演講教練指導，甚至找了自己的個人表演教練，幫助我更自信地表達自己。教練告訴我：身體語言、聲調變化，乃至於小道具，都可以讓演講更有生氣。

到了演講的那一天，我還是很緊張；台下的觀眾裡有微軟創辦人比爾・蓋茲、前美國副總統高爾，還有好萊塢明星卡麥蓉・狄亞。不過我已經準備充分，演講起來行雲流水。整個過程我記得模模糊糊，不過有人和我說，大家聽完後都起立鼓掌；而且不到一個星期，我的演講在網路上就有一百萬以上的人次收看。這故事的啟示很簡單，而且無論是演戲、達人秀、五年級的課堂簡報，乃至於大型會議中的演講都適用：能有出色的成績，並非因為我是天生好手，而是因為我準備充分。而我之所以會準備，也是因為個性內向，所以準備對我來說**不可或缺**。

如何讓演出更搶眼

下次如果要在觀眾前表演，記得以下這些小撇步，別擔心自己能不能撐過表演；如果按照這些方法來做，包準你的演出能閃耀全場！

事前準備

在表演或報告前，下愈多功夫磨練技巧，在觀眾面前就能愈有自信。首先要掌握表演內容，接著再勤加練習。在鏡子前面練習演講或表演，或錄下來再播放，看看自己表現如何。通常你會發現自己的聲音與動作表情比想像中好，也就會比較放心了。

師法專家

可以上網搜尋一些厲害表演者的影片，最好是找個性和你類似的人，然後好好研究，觀察他們的站姿、動作、聲音變化，不過還是要保有自己的特質。如果你很有幽默感，就好好運用；如果你的個性比較認真嚴肅，也不需要把自己變成搞笑藝人，只要認真分享有意義的故事就好。上台講話時要有說服力，除了內容有料，關鍵是在台上要完全做你自己。

慢慢調升壓力

先自己練習，然後再進階到講給家人或幾個朋友聽。每次都問自己，從一分到十分的話，我現在的焦慮感是幾分？練習時的焦慮感應該在四到六分左右，不應該高到七至十分。如果你因此只能先對著布娃娃演講，也沒有關係。

熟悉環境

想辦法事先造訪要表演的場地；不管是大禮堂、教室，或不熟悉的新環境，都可以先去看看。想像一下現場坐滿觀眾的畫面，想像十幾雙、甚至幾百雙眼睛盯著你看，會是什麼感覺。如果這讓你覺得煩躁不安，可以先對著家人朋友練習，讓他們給你鼓勵支持。

注意呼吸

正式上場時，開口前先深呼吸一下；之後在你演說、唱歌、表演期間，也別忘了找機會深呼吸放鬆。將空氣慢慢深吸到肚子裡，讓肚子像氣球一樣鼓起來，然後吐氣，讓氣球消下去。用鼻子呼吸，在舒服的狀況下停留幾秒，然後用嘴巴吐氣。這個技巧聽起來有點老掉牙，不過很有效！

面帶微笑

這個訣竅最簡單，但也最重要。微笑是破冰最好的工具，不論你有多緊張或不自在，開始前先給觀眾一抹微笑，演講途中也別忘了提醒自己微笑，最後再以一道微笑為表演作結。你會覺得更放鬆、更有自信，座上的觀眾也可能回你一個微笑，替你打氣。

建立交流

整場報告期間，可以不時和幾位模樣親切的觀眾有些眼神交流。如果對方做鬼臉或打瞌睡，就跳過他，看其他比較有精神、比較投入的觀眾。如果某位觀眾看起來對你的演講非常感興趣，可以把目光停留在他身上，這樣會讓你信心大增。

眼光放遠

領導的重點不是你自己，而是你領導的那群人。問問自己，他們是什麼樣的人？怎麼做最能替他們效勞？怎麼做最能指導、幫助他們，讓他們舒心？記得，他們不是來這裡批評你，而是來向你學習的。把自己當成來幫助他們的一個榜樣，將新的觀念引介給他們。

第四部　安靜的家庭生活

第十四章　療癒角落

臥室、陽台、籃球場、圖書館的隱密角落、小學的樹屋、朋友家的地下室，這些形形色色的僻靜地點，都是大家尋求放鬆與充電的安全空間，也有人稱之為「療癒角落」（restorative niche）。

還記得小時候的祕密基地嗎？祕密基地有時是用枕頭和棉被簡單堆起來，有時是蓋在高高的樹上，像這樣的地方就是療癒角落。你的療癒角落不一定要很隱密，也無須固若金湯，只要是讓你感覺安全舒適的個人空間都可以。療癒角落可以是身邊的小空間，比如臥室裡的一張椅子；可以遙遠寬闊，比如一座沙灘；也可以是介於這兩者之間的任何地方。

「療癒角落」這個詞，是上一章提過的哈佛心理學家利托教授所創：他用這個詞來形容可以隔絕外界嘈雜與紛擾的實體或心靈空間，讓你沉澱思緒與情緒，從一整天辛苦的人際相處中恢復精神，回歸真我。我們之前討論過，內向的人對外界刺激可能極為敏感，而療癒角落正好給我們機會找到最適合自己的刺激範圍，並重新找回活力。走進這個地方，就像按下我們的重新啟動按鈕一般。

沐浴在聖誕燈光中

幾年前，我去俄亥俄州的一所學校演講安靜的力量，有個名叫蓋兒的學生，從我舉的故事中看見了自己。當蓋兒更了解內向性格後，逐漸明白為何自己在應該開心的場合總覺得侷促不安，而在獨處或只跟幾個朋友在一起時，卻是怡然自得。療癒角落的概念，使蓋兒恍然大悟。

她發現，在自己的生活中沒有這樣的地方：在家時，她最常待在客廳，但電視通常開著，干擾她想事情、看書或寫功課；她有自己的房間，但裡面又黑又暗，而且還亂成一團。

蓋兒在聽了療癒角落的概念後，決定做點改變。她希望房間變成自己的避風港，能在裡面沉澱、回歸自我，所以想讓房間更有朝氣。於是，她掛好衣服，扔掉舊報紙，然後開始處理照明的問題。她把家裡舊的聖誕燈飾釘在房間的天花板上，讓燈飾延伸至整個房間，最後再把插頭插入牆角的插座。僅僅只是這樣簡單的改變，就為她的房間帶來五彩斑斕的美麗光芒。蓋兒開心得不得了。

蘿拉的避風港也是她的房間。「我喜歡自得其樂，上 Netflix 看些怪怪的紀錄片，或者找個導演然後猛看他的作品；我喜歡研究冷知識，也愛打破砂鍋問到底。我需要有個空間來放鬆和充電，這是一定要的。就像你手機得要先充電才能帶出門，我覺得**我也一樣**。」

這些角落也可能隨著周遭情境而改變。在冬天，蘿拉愛窩在自己的房間；夏天到了，她的療癒角落就換成滑板公園，或是她會帶杯冰沙、拎本書，躲進防火梯。

躲進洗手間

利托教授自己也常躲進療癒角落。雖然他的演講鼓舞人心，還經常贏得聽眾起立鼓掌，但他發現，表現出外向的個性，讓他筋疲力竭。他的演講幽默風趣又深富洞見，台下的學生與企業主管聽得如沐春風；然而演講結束後，他往往需要躲到安靜的地方，獨處一會兒。

幾年前，有人請利托去加拿大蒙特婁的聖約翰皇家軍事學院（Royal Military College Saint-Jean）演講，學校就在黎塞留河畔。利托的演講非常成功；告一段落之後，幾位東道主邀他一起吃頓午餐。他不想失禮，但知道自己需要獨處一下，好從演講完的疲憊恢復過來，於是撒了個小謊，說自己很愛看船，想趁午餐時間到河邊走走，希望他們不會介意。對方欣然接受，而且幸好沒人有相同嗜好，所以他們就讓他自己去散步；午餐後回來，他又精神飽滿，準備好繼續下午的演講了。

校方非常喜歡利托的演講，每年都會再邀他回去；而每年，他也都會藉口到河邊散步，把握演講空檔恢復精神。後來，那所學校遷到都會區，利托再回去演講時，已經沒有河邊的藉口可用了，於是午餐時間他就偷偷溜進洗手間——沒錯，他發現坐在洗手間隔間裡，要比跟同事午餐更令人放鬆。有時候，他還會把腳縮起來，免得有人認出他的鞋子，隔門找他攀談。

內向者想要快樂，一定要有療癒角落。我們白天忙著應付學業、家人、朋友，辛苦一整天下來，必須有一段休息時間。不過，中小學年紀的孩子想要獨處，有時不太容易。回想一下露西的例子：她整個早上努力表現得外向，到了中午已經筋疲力竭，所以想要自己吃午餐，但朋友卻跑來質問她，以為露西不高興，不懂為什麼她想要一個人獨處。從最新的科學研究看來，這群朋友的反應可能不少見：國中的人際交往重視小團體、愛呼朋引伴，喜歡獨處的人往往顯得格格不入。有份研究調查了兩百三十四位八年級學生和約兩百位高三生，結果發現，渴望獨處的念頭會讓國中生覺得反感，但高中生的接受度則高得多。

不過，一般正常地想離開人群喘息一下，和社交恐懼有很大的不同。這份研究調查的孩子，有些是因為不擅社交，無法融入同儕，所以才愛獨處。我自己也聽過幾個類似的狀況。貝莉念國中時，每天都自己一個人躲在洗手間吃午餐；這應該不是利托教授建議的那種放鬆，貝莉是在逃避——學校餐廳、小團體、同學的眼光，全都是她在逃避的對象。最後，她終於不勝負荷，無法繼續上學，只好休學一陣子。所幸，貝莉後來終於勇敢面對自己的恐懼，憑著耐心慢慢學會調適自我，融入環境。這其中的差別很重要。我建議找個療癒角落，不是要你去找個地方躲起來（雖然我們偶爾都需要躲起來一下），而是建議找個地方讓你喘息、放鬆、充電，以找回力量重新面對日常生活的壓力。

家裡可能是最容易找到獨處空間的地方。在學校，退縮會影響社交；但在家，只要事先好好解釋你想要獨處的原因，家人通常能夠體諒、不會批評（下一章我們會深入討論家庭生活及家人相處）。

除了放鬆和恢復活力之外，營造適合自己的療癒角落，還有其他好處。還記得檸檬汁研究嗎？實驗結果顯示，內向者對於外在刺激比較敏感，而主持該項研究的科學家艾森克也認為，每個人都有最適合自己的刺激範圍；因此，外向者喜歡嘈雜和人群，但內向者則喜愛安靜、不受打擾。我們之所以如此，不單是為了放鬆，也是因為這樣能讓思緒清晰。

另一個著名的研究，是請內向者與外向者玩困難的文字遊戲，並同時戴上不時發出聲響的耳機。在可以自己選擇音量的狀況下，內向者所選的音量會低於外向者。而兩組的遊戲表現結果都很好。（這個結果再度證明，人格特質無所謂好壞或優劣；我們只是不一樣，對敏感的事物不同而已。）不過，如果研究人員把內向者的耳機音量調大，把外向者的耳機音量調小，則兩組的表現都比之前要差。

這項發現顯示，我們都有最適合自己的刺激範圍：只有音樂對了、聲量適中，甚至燈光、溫度、人數都恰到好處，我們才會覺得舒適自在。而且，一旦找到這個最適合的環境，我們的思考會更清晰，心情也會愉快許多。

孤獨堡壘

即使是超級英雄，也需要療癒角落。就拿身穿披風打擊犯罪的蝙蝠俠來說，與惡棍激戰一夜之後，他總是會躲回蝙蝠洞，一個深藏地底、洞穴般的祕密基地。蝙蝠俠的韋恩莊園多的是房間，他大可鑽進任何一間，把門關上；但是對蝙蝠俠來說，只有在蝙蝠洞，他才能真正釋放自我。而需要地方休養生息的超級英雄，並不只有他。例如超人，也會想要找個地方靜靜：來自外星球的超人，身負保護地球人的重責大任；每當覺得壓力太過沉重，他都會飛到孤獨堡壘，這是他的專屬冰穴。

我們不會飛，也沒有蝙蝠車，所以只能在家裡或其他同樣安全舒適的地方，建造自己的孤獨堡壘。第五章提過數學高材生羅傑，羅傑的姊姊露波也是內向的人：每次她放學一回家，就將自己關進房間聽音樂、看書或是寫功課，而且總要待上一個鐘頭。雖然露波媽媽很想問問露波今天過得怎樣，但她知道，這段獨處時間對她女兒很重要——露波需要那段時間恢復精神。通常一個小時過後，露波就會心滿意足地從房間出來，與家人聊天。

她弟弟羅傑的作法不太一樣。他放學回來也喜歡放鬆一下，但不需要獨自一人：他會坐在廚房吧檯，安靜地沉浸在書本或遊戲當中，不太說話；而他媽媽也知道最好不要打擾他——這是他的療癒角落。他剛好是那種不愛一直獨處的人，所以他的療癒角落只和媽媽隔了一小段距離。

選擇避風港時，要考量你的生活空間與獨特需求。對明尼蘇達州七年級的泰勒而言，任何戶外空間都可以是療癒角落，只要周圍有樹就行了；大自然讓他覺得平靜安定。他個性內向，不過就讀的學校學生很多，所以課餘時間他最喜歡釣魚和打獵——因為不用說話，而且釣魚打獵確實也**不能**說話。「夏天時，我會早起跟爸爸、奶奶去踏青、抓鴨子，不然就是去划船釣魚。這時候需要專注、防蚊液和完全的安靜。」他說，置身寬闊、空氣清新的森林和湖泊間，所有交友和課業的壓力都會煙消雲散。

除了大自然，泰勒最能感覺放鬆的地方是在半空中——他很幸運，因為家裡的後院不僅大，還有一張彈跳床。每當需要發洩時，蹦上蹦下、眺望遠方，也能讓他呼吸些新鮮空氣。

喜歡出國旅行的麗塔，則覺得家中的後廊最適合放鬆休息。她不需要獨處，她會跟全家人一起坐在那裡，有時聊上幾句；不過大部分時間，大家只是靜靜聽著鳥嗚，或微風拂過樹梢的聲音。

整個高中時期，諾亞發現在地下室打電動最能讓他恢復活力。他爸媽不懂他為何這麼喜歡打電動，擔心他是在逃避現實；不過對諾亞來說，電動裡的故事非常引人入勝，不只激勵他把打電動的技巧練得更強，還激發他某些方面的創造力。電動讓他愛上創作，把自己想到的故事畫出來。泡在療癒角落可以放鬆、可以做你喜歡的事，但最重要的是——可以做你自己。

療癒耳機

要是你在家裡沒有自己的空間，或家裡沒有安靜的地方怎麼辦？凱瑞娜很渴望隱私，尤其她是和姊姊共用一個房間，而且房門沒有鎖。凱瑞娜發現，寫短篇小說時戴耳機聽音樂，可以營造獨處的感覺。要是姊姊太吵或占用房間，凱瑞娜就去後廊看書；如果廚房沒人，她會邊烤布朗尼，邊用筆電看《探險活寶》（*Adventure Time*）。

假使家裡找不到任何安靜的地方，凱瑞娜會在心裡自己打造一個安靜的角落：

「我會下意識地隔絕聲音和人群，沒人能夠走進來打擾我，這讓我很有安全感。」

沒辦法逃進療癒角落時，可以隨身帶著能幫你舒緩情緒的東西。有些孩子連擠校車也要想辦法獲得平靜。住在紐澤西州的茱莉說，很多人以為她不是「晨型人」，因為一大早坐在校車上的她滿臉起床氣：她上車之後不跟半個人說話，但不是心情不好或故意無禮，只是需要時間清醒，好應付接下來忙亂的一天。所以，她會找個靠窗位置坐下，拿出耳機戴上，耳朵聽著音樂，眼睛盯著窗外經過的車輛、樹木和房屋。即使周圍滿滿是人，但她就跟帶著耳塞的戴韋思一樣，沉浸在內心的寧靜世界中，準備好迎接一天的挑戰。

如何打造療癒角落

你可以像蓋兒躲回自己的房間，或構思尚未完成的書籍或歌曲，甚至學利托教授溜進洗手間。我們在日常生活中都需要這些安靜、療癒的片刻。如果你已經找到這樣的空間，那就好好享受；要是還沒找到，以下是幾個適合打造個人小天地的地點，供你參考：

臥房靜地

自己的房間通常是獨處充電的最佳地點；一點簡單的改變，就能把臥房變得更舒適。蓋兒的大掃除和聖誕燈飾就是很好的例子。

寧靜角落

有時，家裡沒有辦法讓你擁有自己的房間，或是在擁擠的校園裡，你需要在中午時找個地方充電一下。若是如此，可以找個寧靜的角落坐下，打開書本，聽聽音樂，或者就閉上雙眼、專心呼吸。

大自然

樹木是非常理想的療癒角落，因為遠離人群；而光是看到樹木，就讓人心曠神怡。或者，也可參考利托教授的小撇步，到外面走走；即使只是繞繞院子或學校操場，也是非常好的放鬆方法。

內心世界

如果身邊都是人，像是在校車上、學校餐廳，或是家中兄弟姊妹眾多，你可以在心底打造自己的小天地：這時只需要一副耳機、一本書，或只要閉上雙眼、專心呼吸。

抒壓活動

做些放鬆的事也能取代療癒角落，不論是打電動、跳彈簧床、淋浴或烹飪，找時間去做就對了（也要注意飲食均衡和睡滿八小時，外向的人也一樣喔！）

圖書館

去圖書館不必花半毛錢，更是放鬆和沉浸書海的好地點。

出去走走

如果人際相處讓你感覺不堪負荷，或是一直沒有時間獨處片刻，建議你出去走一走；如果不知道去哪裡，就去洗手間。只要是有助於恢復精神、可以做個深呼吸的地方都可以。

第十五章　家人相處

之前提過的珍妮，也就是那位愛游泳的害羞女孩，有一年夏天過得特別忙碌。先是週末家人帶她去參加朋友的慶生派對，珍妮得忙著寒暄交際，不斷有人問她各式各樣的問題。她媽媽回想當時，說：「她一直說想暫時避開人群，好好休息一天。」不過珍妮後面還有活動要忙。從派對回家後隔天一早，她又得出門參加一整週的宿營。這種宿營和我小時候參加的那種愛歡呼的熱鬧營隊雖然不同，但也差不了多少——營隊裡的孩子各個活力充沛、個性外向，珍妮為了融入大家，只好努力假裝自己是個開朗健談的人。好不容易回到家，家人又迫不及待想聽她聊聊營隊發生的事。她媽媽回憶：「一個星期沒見，我們都很想跟她聊聊天，聽她說說一切經歷。」

她爸媽安排了晚上全家聚餐，然後一起去看部老少咸宜的電影。但是，珍妮這時完全不想參加任何團體活動。她媽媽說：「她真的非常想獨處一下，但我們耽誤太久了。那晚她大發脾氣。」

結果珍妮爆發了，她罵人、大叫又甩門——也許你對這種場景並不陌生。爆發不見得不好。個性內向的人可能會太過壓抑，所以有時好好發頓脾氣、將情緒釋放出來，反而感覺會很好，很有抒壓效果，就像把氣球洩氣一樣。

不過，珍妮和她媽媽都知道，本來其實可以不用搞到這地步。事後不久，媽媽找珍妮聊聊，告訴她「該休息的時候**就要**去休息」，也答應以後會多注意珍妮是不是快受不了了。她也希望珍妮多表達自己的感覺，免得最後釀成問題。

要發現這些習慣和情緒，需要很多自我覺察的功夫。珍妮那時約十來歲，她媽媽覺得，應該讓她負起更多責任。她知道女兒已經夠成熟了。如果珍妮能察覺自己的需求，就可以表達出來，回到自己的「孤獨堡壘」，好好放鬆，然後神清氣爽、火氣全消地現身。聽起來很簡單，是吧？不過還有一點要考慮：珍妮是家中的一份子。身為家中的一份子，你還要考量其他人的需求和感受，不能只想著你自己；特別是珍妮還有個妹妹，個性跟她南轅北轍。

小狗抓門聲

珍妮的媽媽很早就體悟到，她的兩個女兒雖然只差兩歲，但個性卻差了**十萬八千里**。媽媽說：「珍妮是貓，愛咪是狗；珍妮想要自己一個人窩在角落看書，而愛咪卻像隻小狗，喜歡身邊熱熱鬧鬧的。」愛咪無時無刻都想有人和她作伴，特別是她姊姊珍妮。

每次珍妮躲回房間，想要放鬆一下、好好享受獨處時光時，過沒幾分鐘，妹妹就跑來猛敲房門。珍妮努力想當個好姊姊，但實在很難。她坦言：「得看我當時的心情，要是已經在外面交際了一整天，我就不太會說：『好，一起來玩吧。』」她正值青春期，所以心情也有很大的影響，有時她就是不想順著妹妹。

珍妮、愛咪和她們父母面對的問題是，怎樣讓兩個孩子的需求都獲得滿足。這個問題在某次全家出遊時特別明顯。那次他們開車去哥倫比亞河峽谷度假，群山從奧勒崗州一路綿延至華盛頓州，景色清幽，可惜整趟旅程都在下雨；他們原本打算要去游泳、坐船、划獨木舟、滑水、遠足，結果計畫全都泡湯了。珍妮一點也不在意，她帶了好幾本書和素描本，待在下榻的房間裡看書和畫畫；愛咪卻覺得下雨天真是掃興。

最後兩個人說好，珍妮有某段時間可以自己看書，愛咪不可以打擾她；不過愛咪也爭取到屬於自己的時間，這時珍妮要陪妹妹冒雨游泳，而且不可以臭臉，不可以滿臉不情願。姊妹倆就這樣和諧地度過了那次雨下個不停的旅行。隔年，兩人的父母又偶然發現了另一個好方法：他們邀來珍妮的一個好朋友，那個孩子比較活潑，幫忙滿足了愛咪想和人相處的需求，讓珍妮可以多點獨處時間。她媽媽說：「兩姊妹中間多個外人，幫珍妮減輕了一些壓力。」出乎她意料的是，這個外人並不影響這對姊妹相處，反而讓她們相處更為融洽。

不關門原則

之前提過，我在一個安靜、喜歡沉思的家庭長大；全家人的個性都比較內向，聽說許多其他家庭也是這樣。蘇菲和貝拉是對雙胞胎姊妹，兩人在家如魚得水，因為家人都是內向性格，喜歡安靜，兩人的媽媽亞曼達說：「我們家的人步調都比較慢。」

但卡佛家跟別人很不一樣，一家人的個性正好分屬兩個陣營；媽媽蘇珊和一個女兒是外向性格，而她先生和另一個女兒則是內向性格。卡佛家人就和珍妮家一樣，為了協調家人不同個性的需求，也是傷透腦筋，甚至父母之間也是如此。每次蘇珊的先生突然安靜下來，蘇珊總會擔心他在不高興；蘇珊隨時都能滔滔不絕，而她先生卻很需要安靜、沉思的時間。他們的大女兒瑪麗亞個性跟爸爸一樣，而小女兒蓋比則像媽媽一樣愛說話，無時無刻都想找樂子、想玩、想找人講話。

這家人為了和諧共處，試了很多方法，其中一項就是實行不關門原則。基本上，這條家規就是不准關上房門、不讓家人進去，人人都得遵守，沒有例外。不過，有個很重要的條件。蘇珊解釋：「你可以規定在你房間能做什麼事。所以，要是你在安靜看書，別人可以進來跟你一樣安靜地看書，但不能進去打開音樂，開始跳舞。」這個規定不只讓瑪麗亞還有她爸爸得到了必要的安寧，同時也教導她妹妹明白一個重要的道理。「我們想讓蓋比了解，維繫關係不代表要聊天聊個不停。」在家人房裡坐在他們身邊、單純的陪伴，也能是段美好的相處時光。

貓狗和平共處

那麼，內向的人如何從此與家人過著幸福快樂的生活呢？珍妮、瑪麗亞和其他人的故事告訴我們，幸福快樂不一定唾手可得，或自然而然就有。它需要去努力實現。請謹記以下重點：

溝通很重要

偶爾關上房門沒關係，但身為家中一份子，你要顧慮這麼做會不會傷害家人，就算是煩人的弟弟妹妹也是一樣。隨著年紀漸長，珍妮學會了如何告訴父母和妹妹，她需要時間獨處。

尊重家人的需求

內向的人希望別人尊重我們需要安靜和獨處的需求。同樣的道理，我們也要理解兄弟姊妹或父母可能會有相反的需要。有時即使我們不想開口，可能也要強迫自己聊天。家裡的每個人都有權滿足自己的需求，這就意味著……

妥協

承接上段，無論你和家人有多少共同點，一定也會有許多相異之處。學著在自己的需求與手足父母的需求之間找到恰當的平衡點，是家庭和諧的重要關鍵。家庭生活，以及任何地方的生活，都需要持續不斷地相互遷就、妥協。

珍惜家人共處的時光

在家人面前，你通常可以展現最真實的自己。這份自在難能可貴。

給自己時間和家人相處，盡情釋放自我。（其他喜歡的事情可以晚點再做，它們不會長腳跑掉。）

尋求家人以外的支持

如果你的父母或兄弟姊妹無法理解你的想法，就去找跟你親近而且關心你的人，像是表哥、堂姊、祖父母或世交的朋友。他們或許能夠明白你的感受，給你建議。

減輕負擔

很多內向的人喜歡自己默默度過難關，但其實難過的時候，家人可以給你支持、安慰和關懷。如果需要幫忙或擁抱，儘管開口，因為這就是家的意義！

結語

我小時候從沒聽過「**內向**」和「**外向**」這兩個詞，真希望我能早點認識性格的原理與心理學概念，這樣就能早點明白原來自己不是怪胎。深刻了解自己是誰、自己需要什麼，會給人無比的勇氣，這是我在自身成長歷程的體悟。以前我個性害羞，不敢在人群前說話，而今卻是躍上大型舞台開講的暢銷作家與商場女強人。為了寫這本書，我做了許多研究，也聽了許多年輕朋友的故事，一切都在在印證了我的理念——自我覺察真的很重要。無論你個性內向或外向，希望這本書的故事和看法能幫助你了解自己、朋友、家人，甚至是每天在學校走廊擦肩而過的同學。

為了寫這本書，我和同事訪談許多出色的孩子，聽他們聊自己的經歷。萊恩是其中之一，他就是第十三章提過的那個害羞演員。他以自己從事表演的經驗，分享了好幾個故事，不只如此，他還寫了一篇文章寄給我們，說了解內向性格改變了他的人生。這篇文章思想成熟深刻，充分道盡一個文靜少年的心聲，在此分享文章的動人結尾。萊恩寫道：「如今，我不再因為自己內向而感到惶惶不安；這不是應該掩飾的祕密，也不是需要隱藏的瑕疵。我不再勉強裝出大家崇尚的外向模樣——忠於自由的感覺，超乎我的想像。」

彼得，也就是那個住在俄亥俄州、有菸癮的大學生，告訴我們：「我習慣自己一個人，我不覺得這有什麼不好。其實這樣，反倒讓我能夠因應許多社交場合。我有很多朋友不去沒有熟人的派對，但我一點也不擔心，因為我曉得如何自處，而且很懂得自得其樂。」順帶一提，彼得現在已經不需要溜出派對，抽菸解悶了。

蘿拉，那個活躍於網路的內向女孩，也有同樣看法：「有時我希望自己人緣更好，希望自己跟別人一樣；不過，我還是寧願接受自己的樣貌。我漸漸變得不會去擔心別人的社交生活有多精彩，我只想繼續擁抱真實的自己。」

無論你的個性內向或是外向，希望這本書能夠開展你的視野，打開你的心門。在日後的求學和人生旅程當中，請謹記以下幾個重點：

擁抱自己的超能力

在求學時代，勇於發言、善於交際，往往是非常重要的社交本錢，沉靜反而像是一種缺陷。不過，我希望你現在已經明白，我們內向的人其實是極有影響力的一群人。知名女演員、傑出科學家、才子作家、億萬富翁、明星運動員、喜劇演員，以及許許多多的卓越人士，都跟我們有相同的心理特質。他們每一個人，還有這本書提過的許多孩子，都知道要去擁抱內向個性帶給自己的神祕能力：深刻思考、專心一志、安於孤獨，以及絕佳的傾聽技巧。

拓展舒適圈

永遠別把內向當作逃避新事物的藉口。中學時代的我，壓根想像不到自己以後會變成知名的演講人士。我只是慢慢地測試自己的舒適圈到底可以多大；先參加一些小團體，再逐漸面對愈來愈多觀眾。無論你想做什麼，我都鼓勵你探索自己的極限，然後在能力所及範圍之內，逐步挑戰這個極限，延展自己內在的橡皮筋。但是不要操之過急。

找到對的那道光

有些內向的人可能渴望舞台耀眼的鎂光燈，從表演、歌唱、舞蹈或演戲中真正找到自己。其他人的那道光可能來自別的地方：如果你在學寫程式，那道光就是來自電腦；或者也可能是一盞檯燈，讓你一個人閱讀或書寫。無論如何，一定要找到自己可以悠遊的天地，找到熱忱所在，讓你發光發熱。

追尋熱情所在

想要鞭策自己進步、逼進極限，最強的驅動力莫過於一份使命、一個目標或一項興趣——或許是運動、或許是藝術，又或者是內心對於拆解、打造事物的渴望。幾年前，我發現了自己的使命是寫作，以及推廣「寧靜革命」。我喜歡專注，所以不曾巡迴世界各地，站在大批觀眾面前演講。我之所以走出來面對人群，是受使命感驅使；我必須讓大家認識安靜的力量。找到自己的使命，誠實面對自己的本性和能力，就能實現你的目標。

充飽電再出發

在你向外探險、嘗試走進適合外向者的場合與環境時，別忘了安寧與沉靜對你依舊不可或缺。花點時間恢復精神，找到自己的療癒角落：或許是去河邊散步，或許關上門獨處一會兒，甚至只是戴上耳機閉目養神幾分鐘，任由音樂帶你暫時遠離塵囂。電池沒電時，電器就無法運作；沒有活力時，你也無法好好工作。

重視真正的友誼

個性內向的人有很多優點，其中一項是珍惜親密、深刻的關係。我們很珍惜與三兩好友相聚的時光，有幾個真心朋友，強過一大群網友或泛泛之交。別把精力浪費在人氣比拼上；要珍惜與你親近的人，好好培養關係，同時敞開心胸，在意想不到的場合交上新朋友。

與個性相反的人來往

個性活潑開朗的朋友、同學和手足，有許多地方值得我們內向的人學習，他們可以幫助我們成長，擴展我們的舒適圈；再者，讓外向的人體驗一下我們比較沉靜、好思考的生活方式，他們也能有所收穫，雙方可以培養出豐富而深厚的友誼。而由於我們可以彌補彼此的不足，因此若聯手追求某個目標或使命，力量將會更強大。

相信自己

現在這個時代，似乎不太能夠容忍沉默不語；儘管如此，我們還是要撐住。切記，這個世界上像我們一樣個性內向的人，比你想像中還要多。全世界有三分之一到一半的人是內向者，也就是說，有不少個性和你一樣的孩子，都在努力穿越一道道擁擠、混亂的走廊。身為內向者的你，有能力成就任何事。

找到自己的聲音

最後，我想引用一篇大學申請入學的短文作結。作者是住在麻塞諸塞州、個性內向的班恩，寫的是他理解自己沉靜個性的心路歷程：「要找到自己的聲音，就必須找到自己是誰。更了解自己之後，我覺得更有自信，因此才有了自己的聲音。找到自己的聲音，不單只是在課堂上更踴躍發言，同時也是找到存在感，發現自己存在的意義，並且為之奮鬥；我終於明白，自己說的一切不一定要完美，即使錯了也無所謂。……沉默帶給我的那份自在逐漸消逝，我再也不能只是專心聽著，我也要發出自己的聲音。……我慢慢能夠安於那份不安的感覺，慢慢愛上自己的聲音。」

教室裡的寧靜革命：給老師的後話

《安靜，就是力量》出版不久後，我收到一位老師的來信，她任教於康乃狄克州的一所私立女校——格林威治學院（Greenwich Academy）。這位老師在去年夏天讀了我的書，受到啟發，開始以嶄新的眼光看待她的學生。不只如此，她還認為，學校如果能更深刻了解內向學生的需求，一定很有幫助。這位法蘭屈老師也負責指導學校裡的一個學生研究小組：學生在學年之初，共同選擇一項有關青少年生活的研究計畫，然後分頭去蒐集相關資料。去年學年一開始，法蘭屈老師找來她指導的小組，詢問她們是否曾有人請她們在課堂上多發言。這些女孩的個性內外向都有，比較安靜的那幾位立刻有了反應，帶動了熱烈討論，於是她們隨即深入探究；不久，就決定要研究內向者在學校的處境。

第一學期，她們讀了《安靜，就是力量》的幾個章節，看過我在TED發表的演講，並擬定研究計畫。一月時，她們舉辦了一場針對老師們的焦點團體訪談。老師們原本不知道訪談主題，等到學生開始提問怎樣成為好學生、老師如何看待模範生等問題，他們才知道——這些學生最好奇的是課堂參與。焦點團體訪談很快變成了雙方開放討論，老師們也提出自己的問題。

老師們逐漸了解，原來學生關注的是文靜學生在學校的處境。每個老師反應不同，有些依舊堅持開口發言非常重要，有些則想進一步了解內向性格，並考慮調整教學方式。他們從「重視討論」轉變為「重視參與」（我們在第二章曾探討過），幾個老師分享了他們為內向學生規畫的教學策略。舉例來說，有個老師會私下去找文靜的孩子，告訴他們下次上課的討論重點，建議他們事先做些準備；這樣一來，如果上課被點到名，他們就有東西可以講。

焦點團體訪談結束後，學生發了一份問卷給高中部的每個同學，內容類似我在序言中列舉的小測驗。結果發現，學校有大概三分之一的學生屬於內向性格，就如同在整體人口中所占的比例。在法蘭屈老師的協助下，《安靜，就是力量》列入了教職員的暑期書單。

後來我走訪該校，發覺他們對內向和外向的認知非常清楚。當然，學校稱不上改頭換面——舉辦的活動依然投外向者所好，熱烈又熱鬧。像是學年開始的第一天，學校為升高三學生舉辦熱鬧的慶祝會，全場會跟著音樂起舞，尖叫聲不絕於耳。在晨會上，每個高三生都要跑過禮堂通道，穿過學妹伸手搭的隧道，然後站上講台，大聲尖叫。這個傳統在我到訪時依舊如故。其實，研究小組裡有個名叫麥迪森的外向女孩，非常期待這場即將到臨的狂歡，笑著承認：「我連做夢都夢到呢！」但她接著說：「不過，我有一個很要好的朋友，非常內向，她說雖然不討厭這活動，但也不太喜歡。」

讓我印象很深的是，學校對兩種個性的需求，考量得非常周到。老師改變了課堂討論的方式以吸引文靜的學生，但也同時照顧到外向學生的需求。其實，這些改變對兩種個性的孩子都有幫助。麥迪森有一門課程的老師，開始堅持學生要先思考一分鐘，再回答他的問題。麥迪森承認，她通常很想馬上隨便說點東西出來，不管是對是錯；但是這一分鐘的思考，強迫她再想得仔細一點。

諸如此類的改變，開始在全美各地的幾所學校出現，我和同事於是計畫更進一步推廣這場「寧靜革命」。我們推出領航計畫，協助有興趣的學校「靜化」課程和校園文化，也非常樂意與你詳細討論。請上我們的網站 Quietrev.com，深入了解如何在學校推動「寧靜革命」。歡迎與我們聯絡，我們非常期待認識你和你的學校！

此外，以下三個訣竅也有助從重視討論轉變成重視參與：

一、善用科技

許多人擔心學生過度依賴網路媒體，尤其是對現實生活交流不太自在的學生，更擔心他們會沉迷其中。但其實，網路媒體是座橋樑。舉例來說，英文老師蜜雪兒·蘭彼恩（Michelle Lampinen）在紐澤西州夫利荷（Freehold）某所高中任教，她挑學生讀過原著的電影在課堂播放，並且嘗試同步使用 Twitter 和即時聊天軟體。跟許多其他老師一樣，她發現平常課堂討論很少舉手發言的孩子，竟然可以輕鬆透過網路提出見解。有一年，她還要求每個學生建立部落格，一年要發表十篇自己寫的文章。不只如此，她也規定學生要去同學的部落格，留下有意義的評論。這麼做不只讓學生去閱讀和思考同學的想法，同時也鼓勵他們當面討論；要是沒有網路媒體，這些討論是不可能實現的。

二、加入思考時間！

新加坡的中學老師亞比斯．瑞茲達那（Jabiz Raisdana）以前很看重發言，他坦承：「我有個迷思，覺得內向或安靜的人需要改進，所以要多發言。」後來，有個學生改變了他的態度，也改變了他的教學方法。他回憶說：「我教過一個學生，很有拍電影的天分，個性非常、非常內向。」

那男孩上課從不發言；開學頭幾天，瑞茲達那老師鼓勵他加入課堂討論，請他發表意見。第二週上課時，那學生終於開口了，他說：「我現在沒有什麼想說的，有的話自然會說，不然的話，請不要逼我。」

瑞茲達那老師沒有生氣，他只是啞口無言。「我坐在那裡，心想：『這個十三歲的小毛頭竟然把我給駁倒了！』」那學生說好聽點是有點直接，大多數老師聽到他的話，可能不太能夠諒解，但瑞茲達那老師聽進去了，因為那男孩完全點出了核心問題：他覺得不應該為了發言而發言。儘管那孩子沒有舉手，但他交的作業始終做得非常用心、非常出色。從他的作業可以看出他很專心上課，老師說的都吸收進去了。他完全是個模範學生，只是非常、非常文靜而已。

這個學生啟發了瑞茲達那老師，讓他重新思考自己評價課堂發言的方式。他體認到：「不能只因他們沒有說話，就認為他們沒有認真思考課堂內容。那些滔滔不絕的孩子，常常只是想說就說，不太清楚自己在講些什麼。」瑞茲達那老師發現自己班上有好幾個內向的孩子，於是他改變了教學方法：一開始先提出討論主題，但不馬上點名叫學生回答，而是請他們先把想法寫下來，再讓學生花幾分鐘時間看同學寫了什麼，如果有意見的話，可以加上自己的評論。「接著我們就可以開始討論，這時學生已經把題目好好想過，寫下自己的思考，還看了其他人的想法，這樣討論起來，就不會乏味無趣。」書寫、閱讀、評論與課堂討論結合——文靜孩子的聲音終於可以讓人聽見。而在開放討論過程中，瑞茲達那老師不會強迫任何人發言，但內向的孩子自己也常舉手發言。

當然，內向不該成為沉默不語的藉口。理想的情況是孩子應該自我挑戰，偶爾舉手發言；畢竟他們長大後也得做類似的事情，在不同場合發言。在華盛頓特區某高中任教的余卡文（**音譯，Kavan Yee**），以前就特別留意文靜學生的需求；不過他也認為，這些學生必須習慣在課堂上發言。所以他會事先告訴學生，上課時會請他們就某個題目發表意見。他會根據學生的作業或私下討論的內容，挑選學生有興趣的題目發問，這樣學生比較能暢所欲言。余老師說：「你應該要能在一群同學面前報告，或表達自己的想法。不過，我也告訴這些學生，可以按照他們自己的方式，以自己的步調來完成。」

三、分組討論

不敢當著全班發言的學生，在小組裡面或某個好朋友面前經常能夠侃侃而談。正因如此，我才大力推崇第二章提到的「思考／討論／分享」技巧。這可以創造很好的機會，讓班上內向的孩子表達自己的看法。

給家長的指引

這本書是為年輕的讀者而寫，不過有些家長可能也會拿來翻翻。上學對內向的孩子來說可能十分辛苦，對他們的家長而言，又何嘗不是如此？我想，最重要的就是：幫助你文靜的孩子發揮自己的天賦，好好傾聽、觀察、思考，並堅定不移地靜靜實踐想做的事。我們做家長的責任，就是幫助孩子成長、探索自己的極限，同時也讓他們看重和喜歡自己真正的面貌。艾蓮諾有個正值青春期的內向兒子，她說得很好：「內向的孩子更需要知道你是支持他的；他們比正常青少年更需要隊友，也就是真正了解他們的人。」

關於如何教養文靜的孩子，若想知道更多的資訊，「寧靜革命」正推出一系列互動的多媒體大師班，課程專為像您一樣的家長設計，提供您需要的教養工具，也告訴您如果老師和親友出於好意，批評孩子內向的個性，可以說些什麼來支持孩子；此外，還有線上論壇，可以和其他同樣家有內向兒童的家長互動，與在育兒路上有類似甘苦經驗的家長交流心得、尋求和提供建議，並組成支持網路。想知道更多資訊，歡迎造訪 Parenting.quietrev.com。

同時，以下提供幾個簡單的方針，可以立刻派上用場：

追求精通，展現自我

精通一件事並懂得展現出來，對每個孩子都非常重要。對內向的孩子來說，更要特別鼓勵他們去找尋展現自我的管道，無論是運動場、舞台、實驗室、課外活動，或只是一張白紙，都無所謂。內向的人容易受到興趣和熱情驅使，所以生活很自然就會圍繞著他們最喜歡的事物打轉。這是天大的恩惠，因為專注於一兩項嗜好上，更能精通某個領域，進而產生自信——而不是因為自信，才成為某個領域的大師。許多內向的孩子，也是因為有共同的興趣而結交朋友，而不是純粹為了交朋友而交。有些孩子甚至還因為興趣，躍上了從前做夢也想不到的領導位置。

這時，家長能給孩子最大的幫助，就是不要去阻礙孩子；只要確定孩子接觸得到許多不同科目和活動，就放手讓他們自由嘗試。也別期待孩子的熱情一下就會點燃；發展和培養熱忱是一輩子的事，但這種等待絕對值得。

幫助孩子探索社交生活

說實在的，「青春期＋社交生活」是條艱辛險阻的道路，對內向孩子尤其如此。因為在他們身處的學校文化中，愛交朋友和活潑通常是最有價值的本錢。天下父母心，你可能很想幫孩子度過這段難熬的歲月，不過出手之前應該切記，身為父母的你也可能面臨不同的挑戰，要看你自己的個性是內向或外向而定。

如果你個性內向，可能很容易同理孩子的遭遇，但有時或許又太過感同身受。要是這樣的話，你可能需要自己先做些心理建設（無論是找朋友、心理治療師或服藥），學習去愛那個沉靜的自己，並且明白孩子是另一個獨立個體，不會註定步上你的後塵，經歷跟你一樣痛苦的青春期。相對地，如果你是外向的人，你可能輕輕鬆鬆就能樹立榜樣，教孩子學習如何做個隨和的人、融入人群，不過你或許很難體會孩子的內心感受和掙扎；外向家長通常無法理解，他們的內向孩子為何不愛參加派對和其他社交活動。

訣竅就是，時時在放手與介入之間尋找理想的平衡點。如果孩子看起來好像有煩惱或想找人傾訴，那麼請務必支持他們；例如，可以在晚上的廚房餐桌上演練如何應付棘手的社交情境，好讓孩子隔天上學能在午餐時間依樣畫葫蘆。不過要知道，馬里蘭大學肯尼斯·魯賓（Kenneth Rubin）教授等心理學家發現，只要孩子有一兩個好朋友，就符合了快樂人生的一切指標，完全不需要一大群愛熱鬧的朋友，即使你自己就是和一大票好友快樂地度過年少時光。許多內向的人從小到大都有幾個感情深厚堅定的朋友，心理學家維迪夏·帕特（Vidisha Patel）說：「請記住，要是你有一個真正的朋友，你就是全世界最幸運的人，因為真正的友誼難能可貴。只要有那麼一個真正的朋友，你就非常、非常厲害了。」

準備上台報告

有些內向的人完全不怕當眾演講。如果你的孩子是這樣的話，請好好保持！但要是你的孩子也害怕上台（公開演講是世界上最普遍的恐懼，外向的人跟內向的人一樣害怕），以下幾個方法可以幫忙克服恐懼：

注意焦慮程度

要孩子踏出舒適圈並無不妥，但不能讓他們因此焦慮到無法控制。問問孩子他的焦慮指數是幾級，最好介於四到六級之間。七至十級已經接近恐慌程度，非常容易造成陰影和反效果；若是四級，表示他覺得輕而易舉，四到六級才是能有所成長的區間。如果孩子在這個焦慮感的區間內，並能掌握某一項任務，他就能繼續嘗試更有挑戰性的任務。

深入研究

鼓勵孩子精通他要報告的題目，無論是一本書、一個新聞話題，或是一位著名的歷史人物。切記，精通一件事能帶來自信，而非靠自信就能精通一件事。

腦力激盪

找來白板、黑板、或一大張白紙也可以，隨手記下重點或想法。

互相討論

跟孩子輕鬆地談談報告的主題，孩子或許能從對話中發現某個可以著墨的地方，從而為上台報告踏出練習的第一步。

摘要和準備

接下來，孩子應該找出報告的重點，依情況製作合適的影像輔助材料，必要時可以擬出整場報告的講稿。

重複排練

不論是對著玩偶、玩具或家人，一定要讓孩子在家或在幾個信賴的人面前，重複演練報告過程。提醒孩子面帶微笑，和幾個聽講的人做眼神交流，還有深呼吸放輕鬆。

打造療癒角落

露波是個內向的少女，她媽媽發現，給內向孩子安靜的時間，對他們的情緒健康和學校表現非常重要。露波上幼稚園時，她媽媽每天開車到學校接她回家；露波每天離開教室時都是笑容滿面，可是只要上了車，她就會對雞毛蒜皮的小事大鬧彆扭。她媽媽總想弄清楚，自己到底做錯了什麼？她準備的果汁露波不喜歡？零食不對？幫她穿錯鞋子？而露波就在一旁又哭又叫，像個小型龍捲風似的。

露波爸媽對這種行為很不習慣，因為他們的女兒一向很乖。他們擔心露波在學校也會這樣，於是詢問老師，想不到老師卻說露波表現很棒。他們鬆了一口氣。

露波的母親這才明白，原來女兒每天在學校要費多大的功夫，才能打起精神跟同學和老師好好相處；等到放學時，她已經身心俱疲，所以只要他們的廂型休旅車門一關上，她就會發洩情緒，把媽媽當成出氣筒。

露波長大之後不再亂發脾氣，但她媽媽沒有忘記這些事情。她明白女兒在學校交際了一整天很累，需要時間恢復。隨著年紀漸長，露波改掉了亂發脾氣的習慣，採取新的因應策略。她每天放學一回家後，還沒跟媽媽說上半句話就直接關進房間，看書、聽音樂或是寫東西，至少待上一個鐘頭。等她恢復精神後，自然就會出來跟人互動。對她媽媽來說，這些時間可能很難熬；但她知道，女兒非常需要這段放鬆的時間。

我們從露波媽媽的故事看到，有些情況並不容易應付。我們希望下課之後跟孩子聊聊天，我們想看到他們參加課外活動，跟同學有說有笑。但是，我們必須小心區分自己的需求與孩子的需求。這不表示你內向的孩子整個青春期都會獨自一人關在房間度過，但是你要尊重孩子想有獨處時間的需求，讓他有喘息的空間，好好恢復心情、體力和精神，開心與家人共度下課以後的時光。心理學家伊莉莎白・米卡就說，內向的孩子「需要時間放鬆，做做白日夢、無所事事，不去煩惱太多。做白日夢應該列入他們的課外活動」。

致謝

誠摯感謝 Gonzo、Sam 和 Eli，你們是我生活快樂與靈感的泉源；感謝跟我一起撰寫這本書的 Greg Mone 和 Erica Moroz，沒有你們，就不會有這本書；感謝我的編輯 Lauri Hornik，你的睿智與無比勇氣，讓這本書在歷經這麼多迂迴曲折後終於問世；感謝我最棒的經紀人 Richard Pine；感謝企鵝出版社的一流團隊：Anton Abrahamsen、Regina Castillo、Christina Colangelo、Rachel Cone-Gorham、Lauren Donovan、Jackie Engel、Felicia Frazier、Carmela Iaria、Jen Loja、Shanta Newlin、Vanessa Robles、Jasmin Rubero、Kristen Tozzo、Irene Vandervoort 及 Don Weisberg；感謝 Grant Snider 優美的插畫；感謝 Renee Coale 總裁所做的一切。最最感謝的是在這本書中分享自身故事與智慧的所有受訪者。特別感謝過去與現在貢獻才華與熱情、幫助我們發展「寧靜革命」的許許多多人。

最後，同樣感謝過去幾年在《安靜，就是力量》出版之後與我聯繫的所有文靜的孩子、青少年、家長、照顧者與教育者。因為你們，我才有創作這本書的理由。

註解（本處頁碼為中文頁碼）

序言

p. 13,「世界上的人有三分之一是內向者」：Rowan Bayne, *The Myers-Briggs Type Indicator: A Critical Review and Practical Guide* (London: Chapman and Hall, 1995).

p. 15, 榮格：Carl G. Jung, *Psychological Types* (Princeton, NJ: Princeton University Press, 1971；德文版為 *Psychologische Typen* [Zurch: Rascher Verlag, 1921])，特別參注 p. 330–337。(《榮格人格類型》，心靈工坊，二〇一二年。)

p. 19, 甘地：*Gandhi: An Autobiography:The Story of My Experiments with Truth* (Boston Beacon Press, 1957)，特別參注 p. 6, 20, 40–41, 59–62, 90–91。(《我對真理的實驗：甘地自傳》，遠流出版，二〇一四年。)

p. 20, 賈霸：Kareem Abdul-Jabbar, "20 Things I Wish I'd Known When I Was 30," *Esquire*, April 30, 2013. http://www.esquire.com/blogs/news/kareem-things-i-wish-i-knew

p. 20, 碧昂絲：Elisa Lipsky-Karasz, "Beyoncé's Baby Love:The Extended Interview," *Harper's*

Bazaar, October 11, 2011. http://www.harpersbazaar.com/celebrity/latest/news/a7436/beyonce-q -and-a-101111/

p. 20, **艾瑪・華森**：Derek Blasberg, "The Bloom of the Wallflower, "*Wonderland* magazine, February 5, 2014. http://www.wonderlandmagazine.com/2014/02/the-bloom-of -the-wallflower-by-derek-blasberg/

pp. 20–21, **米斯蒂・柯普蘭**：Rivka Galchen, "An Unlikely Ballerina," *The New Yorker*, September 22, 2014. http://www.newyorker.com/magazine/2014/09/22/unlikely-ballerina

p. 21, **愛因斯坦**：Walter Isaacson, *Einstein: His Life and Universe* (New York: Simon & Schuster, 2007), 4, 12, 17, 2, 31 等。（《愛因斯坦——他的人生，他的宇宙》，時報出版，二〇〇九年。）

第一章

p. 30, **艾森克的檸檬汁試驗**：Hans J. Eysenck, *Genius: The Natural History of Creativity* (New York: Cambridge University Press, 1995)。

p. 31, **羅素・吉恩**：“Preferred Stimulation Levels in Introverts and Extroverts: Effects on Arousal and Performance,” *Journal of Personality and Social Psychology* 46, no. 6 (1984): 1303–1312. http://psycnet.apa.org/psycinfo/1984-28698-001

pp. 33–34, **雀兒喜・格利芙**：作者訪談。

第二章

p. 47, **課堂參與再思**：不是只有老師才看重滔滔不絕的口頭參與，研究顯示，一般人似乎也都推崇團體中能言善道的人。一群科學家曾經試驗，將大學生分組，讓小組一起解數學問題，學生在解題時，科學家在一旁觀察，等小組解出答案，科學家會私底下請每個人為隊上其他人評分。整體來說，最早開口、經常發言的學生分數最高，別人也認為他們最聰明，但其實這些人測驗的表現還不如一般人。Cameron Anderson and Gavin J. Kilduff, “Why Do Dominant Personalities Attain Influence in Face-to-Face Groups? The Competence Signaling Effects of Trait Dominance,” *Journal of Personality and Social Psychology* 96, no. 2 (2009): 491–503。

p. 48, **瑪莉・鮑德・羅威**：Mary Budd Rowe, “Wait-Time: Slowing Down May Be a Way of Speeding Up,” *Journal of Teacher Education* 37, no. 1 (January 1986).

p. 49, **艾蜜莉**：取自與作者在二〇一三年六月的一封電子郵件通信。

p. 53, **連恩**的故事結合了作者訪談的兩位男孩（已改用假名處理）。

第三章

pp. 62–63, **亞當．格蘭特**：A. M. Grant, F. Gino, D. A. Hofmann, “Reversing the Extraverted Leadership Advantage: The Role of Employee Proactivity,” *Academy of Management Journal* 54, no. 3 (2011): 528–550。

p. 63, **吉姆．柯林斯**：Jim Collins, Good to Great: Why Some Companies Make the Leap —— and Others Don’t (New York: HarperCollins, 2001).（《從A到A+》，遠流，二〇〇二年。）

第四章

p. 76, **艾倫．費雪**：擷自艾倫．費雪的 Facebook 頁面 (https://www.facebook.com/EILEENFISHERNY/posts/376227809077218)。

pp. 77–78, 艾蓮諾・羅斯福：Blanche Wiesen Cook, *Eleanor Roosevelt, Volume One:1884–1933* (New York: Viking Penguin, 1992), 125–236。另參見：*The American Experience: Eleanor Roosevelt* (Public Broadcasting System, Ambrica Productions, 2000)。講稿：http://pbs.org/wgbh/amex/eleanor/filmmore/transcript/transcript1.html.

第五章

p. 103, 艾拉・格拉斯：Kathryn Schulz, "On Air and On Error: This American Life's Ira Glass on Being Wrong," Slate.com, June 7, 2010. http://www.slate.com/content/slate/blogs/thewrongstuff/2010/06/07/on_air_and_on_error_this_american_life_s_ira_glass_on_being_wrong.html

第七章

p. 129, 心理學家一直想知道人在網路上的表現和現實生活中是否相同：Samuel D. Gosling, Ph.D., Adam A. Augustine, M.S., Simine Vazire, Ph.D., Nicholas Holtzman, M.A., and Sam Gaddis, B.S., "Manifestations of Personality in Online Social Networks: Self-Reported

Facebook-Related Behaviors and Observable Profile Information," *Cyberpsychology, Behavior, and Social Networking 14*, no. 9 (2011). http://www.ncbi.nlm.nih.gov/pmc/articles/PMC3180765/pdf/cyber.2010.0087.pdf

p. 129, **科學家調查一百二十六位高中生在社群網路上的互動方式**："Friending, IMing, and Hanging Out Face-to-Face: Overlap in Adolescents' Online and Offline Social Networks," S. M. Reich, K. Subrahmanyam, G. Espinoza, *Dev Psychol*, no. 2 (March 2012): 356–368. http://www.ncbi.nlm. nih.gov/pubmed/22369341

p. 131, **埃梅．約米許**：作者訪談。

p. 132, **朋友多的人，對自己的生活也比較滿意**：A. M. Manago, T. Taylor, P. M. Greenfield, "Me and My 400 Friends: the Anatomy of College Students' Facebook Networks, Their Communication Patterns, and Well-Being," *Dev Psychol*, Epub (Jan 30, 2012). http://www.ncbi.nlm.nih.gov/pubmed/22288367

第八章

史蒂芬．沃茲尼克：本章有關史蒂芬．沃茲尼克的篇章，大都取自他的自傳 *iWoz* (New

York: W. W. Norton, 2006)（《科技頑童沃茲尼克》，遠流，二〇〇七年）。沃茲是蘋果中「宅男精神」代表的這段話，來自 http://valleywag.gawker.com/220602/wozniak-jobs-design-role-overstated.

pp. 149–150, **心理學家艾芙莉・索亨設計了一個試驗**：Avril Thorne, "The Press of Personality: A Study of Conversations Between Introverts and Extraverts," *Journal of Personality and Social Psychology* 53, no. 4 (1987): 718–726。

第九章

p. 157, Shelagh Rogers 及 Lauren McCormick 與 J. K. Rowling 的訪談，加拿大廣播公司，二〇〇〇年十月二十六日。

p. 158, **約翰・格林**：“Thoughts from Places:The Tour,” Nerdfighteria Wiki, January 17, 2012。

p. 162, **彼特・達克特**：Jen Lacey, "Inside Out, Buzz Lightyear and the Introverted Director, Pete Docter," ABC.net, June17, 2015. http://blogs.abc.net.au/nsw/2015/06/pixar-director-pete-docter-.html. 另參考 Michael O' Sullivan, "'Up' Director Finds Escape in Reality," *The Washington Post,* May, 29, 2009。http://www.washingtonpost .com/wp-dyn/content/article/2009/05/28/AR2009052801064.html

p. 163, **陶禕文**：Justin Davidson, "The Vulnerable Age," *New York* magazine, March 25, 2012. http://nymag.com/arts/classicaldance/classical/profiles/conrad-tao-2012-4/

p. 164, **齊克森・米海依**：Mihaly Csikszentmihalyi, *Creativity: Flow and the Psychology of Discovery and Invention* (New York: Harper Perennial, 2013), p. 177.（《創造力》，時報出版，一九九九年。）

第十章

p. 176, **亞倫・葛保**：作者訪談，二〇一三年七月二十四日。

p. 177, **華盛頓國民隊**：Thomas Boswell, "Washington Nationals Have Right Personality to Handle the Long Grind of a Regular Season," *The Washington Post*, February 17, 2013. https://www.washingtonpost.com/sports/nationals/washington-nationals-have-right-personality-to-handle-the-long-grind-of-a-regular-season/2013/02/17/fd77dfae-793f-11e2-82e8-61a 46c2cde3d_story.html.

第十一章

p. 185–188, **潔西卡・華森**：Jessica Watson, *True Spirit: The True Story of a 16-Year-Old Australian Who Sailed Solo, Nonstop, and Unassisted Around the World* (New York: Atria Books, 2010). 以及潔西卡的網站：http://www.jessicawatson.com.au/about-jessica

p. 189, **科學家研究賭贏的內向者或外向者**：Michael X. Cohen et. al, "Individual Differences in Extroversion and Dopamine Genetics Predict Neural Reward Responses," *Cognitive Brain Research* 25 (2005): 851–861。

pp. 189-190, **布列維克研究了一九八五年攀登聖母峰的挪威探險隊，研究各個隊員的個性**：作者訪談，二〇一四年一月十六日。另參見：G. Breivik, "Personality, Sensation Seeking and Risk Taking Among Everest Climbers," *International Journal of Sport Psychology* 27, no. 3 (1996): pp. 308–320。

p. 190–192, **達爾文**：達爾文的內容取自 http://darwinonline.org.uk/content/frameset?viewtype=text&itemID=F1497 &pageseq=1, 及 Charles Darwin, *Voyage of the Beagle* (New York: Penguin Classics, Abridged edition, 1989)

第十二章

p. 201–203, **羅莎・帕克**：*Rosa Parks: A Life* (New York: Penguin, 2000).

第十三章

p. 222, **史提夫・馬汀**：Steve Hinds, "Steve Martin: Wild and Crazy Introvert, " www.quietrev.com, http://www.quietrev.com/steve -martin-wild-and-crazy-introvert/

pp. 222-223, **艾瑪・華森**：Tavi Gevinson, "I Want It to Be Worth It:An Interview With Emma Watson," *Rookie* magazine, May 27, 2013. http://www.rookiemag.com/2013/05/emma-watson-interview/

p. 225, **性格自由理論**：對性格自由理論的概述，請見利托教授的 "Free Traits, Personal Projects, and Idio-Tapes:Three Tiers for Personality Psychology, " *Psychological Inquiry* 7, no. 4 (1996): pp. 340–344。

布萊恩・利托：本章與利托教授相關的篇章，來自作者於二〇〇六年至二〇一〇年間與利托教授的多次電話與電子郵件討論。

第十四章

p. 239, **療癒角落**：Brian Little, "Free Traits and Personal Contexts:Expanding a Social Ecological Model of Well-Being," in *Person Environment Psychology: New Directions and Perspectives,* edited by W. Bruce Walsh et. al. (Mahwah, NJ: Lawrence Erlbaum Associates, 2000).

p. 243, **獨處的想法會讓國中的孩子覺得反感**：Jennifer M. Wang, Kenneth H. Rubin, Brett Laursen, Cathryn Booth-LaForce Linda Rose-Krasnor, "Preference-for-Solitude and Adjustment Difficulties in Early and Late Adolescence," *Journal of Clinical Child & Adolescent Psychology* 0 (0) (2013): 1–9, 2013, http://www.academia.edu/3630522/Preference-for-Solitude_and_Adjustment_Difficulties_in_Early_ and_Late_Adolescence

國家圖書館出版品預行編目資料

安靜的孩子比你想的更優秀 /
蘇珊・坎恩 (Susan Cain) 著 ; 徐嘉妍譯 . -- 二版 . --
臺北市 : 商周出版 , 城邦文化事業股份有限公司出版 : 英屬蓋曼群島商家庭傳媒股份有限公司城邦分公司發行 , 111.12
面； 公分
譯自 : Quiet Power : The Secret Strengths of Introverts
ISBN 978-626-318-435-0(平裝)

1.CST: 內向性格 2.CST: 人際關係

173.761 111015209

安靜的孩子比你想的更優秀

原著書名／Quiet Power: The Secret Strengths of Introverts
作　　者／蘇珊・坎恩｜Susan Cain
譯　　者／徐嘉妍
企畫選書／林宏濤
責任編輯／洪偉傑、李尚遠

版　　權／林易萱
行銷業務／周丹蘋、賴正祐
總 編 輯／楊如玉
總 經 理／彭之琬
事業群總經理／黃淑貞
發 行 人／何飛鵬
法律顧問／元禾法律事務所　王子文律師
出　　版／商周出版
臺北市中山區民生東路二段 141 號 9 樓
電話：(02) 25007008　傳真：(02)25007759
E-mail：bwp.service@cite.com.tw
發　　行／英屬蓋曼群島商家庭傳媒股份有限公司城邦分公司
臺北市中山區民生東路二段 141 號B1
書虫客服服務專線：(02)25007718；(02)25007719
服務時間：週一至週五上午 09:30-12:00；下午 13:30-17:00
24 小時傳真專線：(02)25001990；(02)25001991
劃撥帳號：19863813；戶名：書虫股份有限公司
讀者服務信箱：service@readingclub.com.tw
城邦讀書花園　網址：www.cite.com.tw
香港發行所／城邦（香港）出版集團有限公司
香港灣仔駱克道 193 號東超商業中心 1 樓
電話：(852) 25086231　傳真：(852) 25789337　E-mail：hkcite@biznetvigator.com
馬新發行所／城邦（馬新）出版集團　Cite (M) Sdn. Bhd.
41, Jalan Radin Anum, Bandar Baru Sri Petaling, 57000 Kuala Lumpur, Malaysia.
電話：(603) 90563833　傳真：(603) 90576622　E-mail：service@cite.my

封面設計／周家瑤
排　　版／郭姵妤
印　　刷／卡樂彩色製版印刷有限公司
經 銷 商／聯合發行股份有限公司
電話：(02)2917-8022　傳真：(02)2911-0053
地址：新北市 231 新店區寶橋路 235 巷 6 弄 6 號 2 樓

本書為《安靜的力量，從小就看得見》改版　Printed in Taiwan
2017 年 1 月初版
2022 年 12 月二版
定價 380 元

城邦讀書花園
www.cite.com.tw

 ISBN 978-626-318-435-0

商周出版

廣	告	回	函
北區郵政管理登記證			
台北廣字第000791號			
郵資已付，免貼郵票			

104 台北市民生東路二段 141 號 B1
英屬蓋曼群島商家庭傳媒股份有限公司　城邦分公司

請沿虛線對摺，謝謝！

商周出版

書號: BK5120X　　書名: 安靜的孩子比你想的更優秀　　編碼:

請於此處用膠水黏貼

商周出版

讀者回函卡

感謝您購買我們出版的書籍！請費心填寫此回函卡，我們將不定期寄上城邦集團最新的出版訊息。

姓名：________________ 性別：□男 □女

生日：西元________年________月________日

地址：________________

聯絡電話：________________ 傳真：________________

E-mail ：

學歷：□ 1. 小學 □ 2. 國中 □ 3. 高中 □ 4. 大學 □ 5. 研究所以上

職業：□ 1. 學生 □ 2. 軍公教 □ 3. 服務 □ 4. 金融 □ 5. 製造 □ 6. 資訊
□ 7. 傳播 □ 8. 自由業 □ 9. 農漁牧 □ 10. 家管 □ 11. 退休
□ 12. 其他________________

您從何種方式得知本書消息？

□ 1. 書店 □ 2. 網路 □ 3. 報紙 □ 4. 雜誌 □ 5. 廣播 □ 6. 電視
□ 7. 親友推薦 □ 8. 其他________________

您通常以何種方式購書？

□ 1. 書店 □ 2. 網路 □ 3. 傳真訂購 □ 4. 郵局劃撥 □ 5. 其他______

您喜歡閱讀那些類別的書籍？

□ 1. 財經商業 □ 2. 自然科學 □ 3. 歷史 □ 4. 法律 □ 5. 文學
□ 6. 休閒旅遊 □ 7. 小說 □ 8. 人物傳記 □ 9. 生活、勵志 □ 10. 其他

對我們的建議：________________

____

____